소문난 반찬가게
인기 레시피

채움반찬, 소중한식사, 리쿡54, 셰프찬 지음

비타북스

그저 평범한 세 아들의 엄마였던 제가 목동에서 조그만 반찬가게를 시작한 지 2년이 다 되어갑니다. 동네 친구들과 옆집 엄마들의 식탁을 채워보겠다는 작은 마음에서였지요. 물론 그 시작은 나름 깐깐한 영양사였던 제 기준으로 믿고 찾을 수 있는 반찬가게가 마땅치 않아 내가 해보자는 무식한 용기였습니다. 하지만 시간이 쌓여갈수록 책임감과 소명감 없이는 감히 그 소중한 밥상을 함부로 채울 수 없다는 것을 매일 배우는 중입니다.

가족의 건강과 행복한 밥상을 위해 분주히 음식을 준비하는 수많은 엄마들을 대신해 매일같이 새벽 장을 보고, 나물을 볶고, 장을 담그면서 밤잠을 설치기도 하지만 이 고단함을 앞으로도 오래 누리고 싶습니다. 엄마들이 매일 찾아와 '잘 먹고 있다'는 인사를 전할 때마다 말이죠.

책 작업의 시작이었던 메뉴 선정을 하면서 지난 시간을 되돌아보았어요. 그 조그만 반찬가게를 믿고 찾아준 많은 분들과 저를 지지해준 가족들이 얼마나 감사한지 모릅니다. 그리고 너무나 행복했습니다. 이 책 속에 담긴 레시피들이 그동안 채움반찬을 찾아준 분들께 선보이기에는 보잘것없다 생각되지만, 건강한 밥상을 위해 노력하는 엄마들에게 작은 도움이라도 되었으면 좋겠다는 바람입니다. 앞으로도 목동의 대표 반찬가게가 되기 위해 맛있는 시간을 만들어나가겠습니다.

채움반찬 이지선

처음엔 저도 실수투성이였습니다. 아이들이 어려 보살필 겸 쉬엄쉬엄할 수 있는 일을 찾다 체인점을 시작했는데 손해가 이만저만이 아니었죠. 쉽게 하려던 저의 큰 실수였지요. 다시 마음을 다잡고 대기업 F&B 계열사에서 식재료 유통 업무를 담당했던 경험을 바탕으로 정말 열심히 준비했습니다. 그 결과 판교의 젊은 엄마들에게 사랑받는 반찬 전문점 '소중한식사'가 탄생할 수 있었답니다. 현업에 계신 한 분이 저에게 그러시더군요. '집에서 하던 식으로 장사하면 금방 가게 문을 닫게 될 거다. 그렇게 장사하는 게 누군 좋은 줄 몰라서 하지 않는 줄 아냐?'라고요. 하지만 이윤이 적게 남더라도 저는 떳떳한 음식을 손님들께 드리고 싶습니다. 그리고 그 마음이 엄마들에게 잘 전달되었다고 생각합니다. '본인이 좋아서 하는 일은 아무리 힘들어도, 옆에서 말려도 못 이기는 법'이라는 말을 들은 적이 있는데요. 전 이 말이 참 좋습니다.

최근 음식 연구와 배송 작업을 할 수 있는 공간인, '소중한식사 푸드랩'을 오픈했습니다. 언젠간 쿠킹클래스를 해보고자 하는 목표로 만든 공간이었는데, 이번 책 작업을 하게 되면서 그 꿈에 한 발 더 다가서게 된 것 같습니다. 우리 가게에서 가장 인기 있는 레시피를 정리하며 최대한 어렵지 않게 요리할 수 있도록 신경을 썼습니다. 아무리 좋은 레시피라도 복잡하거나 어려우면 아예 시작도 못 하는 법이니까요. 이렇게 정리한 소중한식사의 소중한 레시피가 행복하고 건강한 식탁을 만드는 데 도움이 되었으면 합니다.

소중한식사 소정윤

처음 레시피 북 제의가 들어왔을 때 솔직히 저희 '리쿡54'는 특별히 비법이라고 내세울 만한 것이 없다고 생각했습니다. 반찬가게를 운영하면서 신경을 많이 써야 하는 부분은 특별한 조리 방법이 아니라 그저 '올바른 재료와 올바른 마음으로 음식을 만들어야 한다'는 생각이라고 여겼기 때문이지요.

하루 이상 된 반찬은 절대 판매하지 말 것, 식재료는 매일 새벽 가락시장에 가서 가장 신선한 것만을 구입할 것, 좀 더 건강한 반찬을 만들기 위해 고추장과 매실액은 손수 만들 것, 고춧가루는 전북 고창에서 직접 재배한 것만 사용하거나 믿을 만한 농장의 것을 구입할 것. 이렇게 운영한 것이 전부였습니다. 그런데 이러한 음식에 대한 정성이 분당 엄마들의 마음을 움직였고, 이것이 바로 리쿡54의 특별한 비법이 된 것 같습니다. 세상에 많은 반찬가게가 존재하지만, 리쿡54가 특별한 점은 이렇게 무모할 정도로 수제를 고집하는 마음이 아닌가 싶습니다.

반찬 종류가 많지도 않고 매일 많은 양을 만들지도 못하지만, 묵묵하게 정직한 반찬을 만들어 나갈 것입니다. 믿고 매일 찾는 분들을 위해서요. 작지만 이 책의 레시피를 통해 저희의 마음이 전달되길 바랍니다.

리쿡54 이영순

저는 전문 기업 투자자로 바쁜 나날을 이어 왔습니다. 수많은 미팅으로 혼자 밥 먹을 기회가 그리 많았던 것은 아니지만, 역시 집밥이 필요한 것은 누구에게나 마찬가지지요. 가끔 혼자 집에서 밥상을 차리기 위해 찾아본 반찬가게들은 만족스럽지 않았습니다. 백화점 반찬가게는 너무 비싸고 번거로웠죠. 동네 반찬가게들은 싸긴 하지만 재료, 포장, 포장 단위 등이 마음에 들지 않았죠. 양쪽 다 맛이나 간이 너무 세다는 생각도 지울 수 없었고요. 전문 투자자로서 음식 사업에 대한 투자를 관심 있게 생각해왔고, 여러 회사에 대한 투자 검토를 해 오던 차에 제가 직접 셰프찬을 창업하게 되었습니다.

셰프찬의 목표는 선명합니다. 우선 맛, 간, 재료에서 신뢰가 첫 번째입니다. 두 번째는 사고 싶고, 가고 싶은 가게를 만들자는 것입니다. 인테리어부터 포장재까지 많은 노력을 기울인 이유이지요. 세 번째는 One-stop shopping으로 어떠한 컨셉의 식탁도 차릴 수 있는 메뉴를 구성하기 위해 지금도 노력하고 있습니다.

이런 와중에 책 발행을 제안받게 되어 기쁜 마음으로 참여하게 되었습니다. '셰프찬'을 조금 더 많은 고객에게 소개할 수 있는 좋은 기회가 될 것 같네요. 감사합니다.

셰프찬 김석헌

4 PROLOGUE

14 요리 초보들의 반찬 Q&A
16 소문난 반찬가게의 비법 양념장
18 요리가 쉬워지는 재료 계량법

20 요리가 더욱 맛있어지는 재료 썰기
21 반찬가게가 공개하는
    반찬, 끝까지 맛있게 먹는 비법

목동
채움반찬

BEST 1 26
코다리조림

BEST 2 28
야채쏙쏙꼬마치킨

BEST 3 30
베이컨달걀말이

BEST 4 32
닭가슴살카레

BEST 5 34
수제떡갈비

BEST 6 36
생생양념깻잎

BEST 7 37
달콤진미

BEST 8 38
떡소불고기

BEST 9 40
오징어채소전

BEST 10 42
오리엔탈불고기샐러드

44 무말랭이무침
46 오이지무침
47 무생채
48 하얀콩나물무침
49 마늘종무침
50 오이부추무침
51 매콤멸치볶음
52 스팸김치볶음
54 스팸감자채볶음
56 표고버섯볶음
58 소고기무볶음
59 검은콩자반
60 닭가슴살장조림
62 훈제오리감자조림
64 애호박전
66 명란달걀말이
68 데리야키치킨강정
70 수제미트볼
72 한돈너비아니
74 오삼불고기

판교
소중한식사

BEST 1 80
꽈리멸치볶음

BEST 2 82
맛살달걀말이

BEST 3 84
아삭이고추된장무침

BEST 4 85
영양부추무침

BEST 5 86
오징어초무침

BEST 6 88
오징어실미채

BEST 7 90
도라지초무침

BEST 8 92
우엉채볶음

BEST 9 94
스프링롤

BEST 10 96
건취나물

- 98 콩나물무침
- 100 참나물무침
- 101 생와사비해초무침
- 102 도토리묵무침
- 104 도라지볶음
- 106 마늘종새우볶음
- 108 깻순볶음
- 109 고사리나물볶음
- 110 애호박볶음
- 111 쥐포채조림
- 112 연근조림
- 114 갈치조림
- 116 생연어조림
- 118 양념꼬막
- 120 꽈리오징어조림
- 122 메추리알조림
- 123 콥샐러드
- 124 감자샐러드
- 126 궁중떡볶이
- 128 표고오이갑장과

분당
리쿡54

BEST 1 134
소고기꽈리고추장조림

BEST 2 136
매콤주꾸미채소볶음

BEST 3 138
고구마카레

BEST 4 140
매콤돼지갈비

BEST 5 142
총알버섯장조림

BEST 6 143
김치갈비찜

BEST 7 144
매콤제육볶음

BEST 8 146
단호박샐러드

BEST 9 148
코다리간장조림

BEST 10 150
빨간두부조림

152 보리새우볶음
153 매콤뱅어볶음
154 견과류볶음
155 고구마맛탕
156 오징어볶음
158 홍합볶음
160 매콤닭볶음탕
162 수제짜장
164 파래김무침
165 단호박조림
166 마늘대하장조림
167 오징어장조림
168 돼지고기곤약조림
170 북어찜
172 꽈리고추찜
174 새송이산적구이
175 돼지고기앞다리살고추장구이
176 참외장아찌
178 매실장아찌
180 양파김치

옥수동
셰프찬

BEST 1 186 
루콜라페스토미트볼

BEST 2 188 
데리야키닭다리구이

BEST 3 190 
캐슈너트멸치볶음

BEST 4 191 
진미채무침

BEST 5 192 
서울식 불고기

BEST 6 194 
알새우채소전

BEST 7 196 
잣소스닭고기해물냉채

BEST 8 198 
소고기버섯샐러드

BEST 9 200 
깻잎찜

BEST 10 202 
우렁강된장

- 204 갈치포무침
- 206 가지나물
- 208 솔부추무침
- 209 고구마줄기들깨나물
- 210 어묵볶음
- 212 소고기가지볶음
- 214 소고기죽순볶음
- 216 동그랑땡
- 218 꽃게범벅
- 220 마파두부
- 222 고등어김치조림
- 224 LA갈비구이
- 225 바싹불고기
- 226 돼지김치두루치기
- 228 모듬겨자채
- 230 코울슬로
- 231 총각무피클
- 232 갈릭머스터드 새우샐러드
- 234 타르타르 연근샐러드
- 236 호박고구마샐러드

- 238 INDEX

GUIDE

반찬 만들기 전
알아야 할 것들

요리 초보들의 반찬 Q&A

열심히 요리하는데 항상 2% 부족하다고요? 요리하면서 생긴 궁금증을 '셰프찬'의 정인국 셰프가 속 시원히 해결해 드립니다. 요리하다 예상치 못한 문제에 부딪혔을 때, 어떻게 해야 할지 갈피를 잡기 어려울 때, 레시피대로 조리했는데 맛이 나지 않을 때 참고해보세요. 요리 고민과 궁금증이 바로 해소될 거예요.

Q 나물을 무치고 나면 항상 물이 많이 생겨 싱거워져요. 꼭 짰는데도 말이죠.

참나물이나 취나물 같은 종류는 데친 뒤 물기를 짜면 물이 생기지 않는 데 반해 콩나물이나 숙주나물 같은 종류는 물기가 많이 생기죠. 그럴 땐 나물을 데친 뒤 체에 밭쳐 냉장고에 1시간 정도 넣어 두었다가 양념을 하면 됩니다. 더 좋은 방법은 물기를 꼭 짜도 나물류는 물이 생기기 때문에 간을 조금 세게 하는 것이죠. 약간 짭조름하게 무치면 간이 딱 맞는답니다.

Q 생선찜에 간이 잘 안 배요. 생선찜을 맛있게 하는 노하우를 알려주세요.

생선찜의 간은 국물만 먹었을 때 조금 강하다 싶을 만큼 진하게 해야 생선에 잘 배어 들어 맛있는 요리가 완성됩니다. 생선에 칼집을 넣고 밑간을 하는 것도 방법이지요. 그런 다음 양념장을 끼얹어가며 푹 조려주세요.

Q 볶음 요리에 간이 잘 배지 않아요.

재료가 잘 익지 않으면 간이 배지 않아요. 반드시 재료를 잘 익힌 다음에 간을 하세요. 양념을 미리 버무려두었다가 센 불에서 재빨리 볶는 것도 좋습니다. 또 간을 하고 요리를 완성한 후 뚜껑을 닫고 5분 정도 뜸을 들이면 간이 잘 뱁니다.

Q 멸치를 볶으면 늘 뭉치고 너무 딱딱해져요. 바삭하게 하려면 어떻게 해야 하나요?

멸치에 물엿을 넣고 센 불에서 오래 볶으면 딱딱하게 뭉쳐요. 멸치볶음은 불 조절과 조리 시간 배분이 아주 중요합니다. 멸치볶음을 바삭하게 만들려면 우선 멸치가 바삭해질 때까지 약한 불에서 오랫동안 볶아요. 그런 다음에 물엿을 넣고 버무리자마자 불에서 내려주세요. 특히 메이플시럽을 이용하면 멸치가 뭉치지 않고, 깊은 맛이 난답니다. 설탕으로 단맛을 내도 달라붙지 않아요.

Q 국물 요리를 할 때 레시피대로 간을 했는데 맛이 이상해요. 싱거운 것도 아니고, 짠 것도 아니고. 이럴 때는 어떻게 간을 맞춰야 하나요?

이런 경우는 감칠맛이 부족한 거예요. 조미료를 사용하기 꺼림칙하다면 건새우가루나 표고버섯가루를 조금씩 넣어주세요. 감칠맛이 살아납니다. 그런 다음 국간장으로 마무리 간을 해보세요.

Q 장아찌를 담갔는데 아삭하지 않고 물렀어요. 아삭하게 만드는 방법은 없나요?

단단한 재료로 장아찌를 담글 때는 절임물을 끓여 한 김만 식힌 후 뜨거울 때 부어요. 실온에서 식힌 후 냉장 보관하면 아삭한 식감의 장아찌를 만들 수 있답니다.

Q 설탕과 물엿, 올리고당의 차이가 뭔가요? 어떤 요리에 어떤 걸 넣어야 하는지 궁금해요.

설탕이 가장 달고, 물엿이나 올리고당은 당도에 차이가 있습니다. 물기 없이 단맛을 내거나 조금만 넣고도 단맛을 내야 할 때는 설탕이 좋습니다. 주로 볶음이나 무침 요리를 할 때죠. 물엿이나 올리고당은 필요에 따라 혹은 가격에 따라 선택하면 되는데, 음식에 윤기를 내거나 은은한 단맛을 낼 때 사용하면 좋습니다. 특히 찜이나 조림 요리를 할 때 적당하지요.

Q 달걀찜을 할 때마다 겉은 다 익는데 속은 늘 익지 않아요. 속을 익히려고 불을 계속 켜두면 겉이 너무 말라버려요.

뚝배기나 냄비에 달걀물을 넣고 그대로 놔두면 속이 익지 않아요. 달걀물이 조금씩 익기 시작하면 숟가락으로 저어주다가 3/5 정도 익었을 때 약한 불로 줄인 뒤 뚜껑을 닫고 1분 정도만 기다리세요. 속까지 알맞게 익을 거예요. 수분이 충분해야 촉촉한 달걀찜이 완성됩니다. 달걀과 물의 비율을 2 : 1 정도로 만들어보세요.

Q 프라이팬에 재료를 넣고 조리하면 자주 눌어붙어요. 특히 감자채는 볶을 때마다 항상 눌어요.

프라이팬의 코팅이 좋지 않으면 눌어붙는 현상이 생깁니다. 프라이팬을 뜨겁게 달궈 기름을 넣은 후 식혔다가 사용해보세요. 특히 감자나 고구마는 그냥 조리하면 전분 성분이 나와 눌어붙기 십상이죠. 감자채는 채 썬 뒤 찬물에 담가두거나 충분히 헹구어 전분기를 빼야 눌어붙지 않게 조리할 수 있답니다.

Q 버섯을 깨끗이 씻고 요리했더니 수돗물 맛이 났어요. 버섯은 씻으면 안 되는 건가요?

버섯은 물에 씻으면 스펀지처럼 물을 쫙 흡수해요. 그러면서 바로 물러지기 시작하고 쫄깃한 식감도 줄지요. 대개 버섯은 깨끗하게 수경재배하기 때문에 씻지 않고 조리해도 됩니다. 그래도 마음에 걸린다면 깨끗한 수건을 살짝 적셔 가볍게 닦거나 조리하기 직전에 흐르는 물에 재빨리 헹궈 물을 털어낸 뒤 사용하세요.

Q 우엉이나 연근으로 조림을 하면 쓴맛이 나고 질겨요. 어떻게 해야 하나요?

우엉이나 연근은 섬유질이 많아 그냥 조리면 질기고 쓴맛이 나요. 껍질을 벗기고 적당한 크기로 썬 뒤 찬물에 하루 정도 담갔다가 조리하면 쓴맛이 제거됩니다. 우엉이나 연근은 적당히 조리면 부드럽지만, 물엿을 많이 넣고 물기가 없어지도록 오래 조리면 딱딱한 식감이 날 수 있어요. 반드시 물기가 살짝 남게 조려주세요.

소문난 반찬가게의
비법 양념장

목동
채움반찬

흑임자드레싱

재료
흑임자가루 5큰술, 마요네즈 5큰술,
레몬즙 2큰술, 설탕 2큰술, 소금 1/2큰술

만드는 법
분량의 재료를 골고루 섞는다.

이렇게 활용해요
소스의 주재료인 흑임자는 예로부터 건강식품으로 알려져 있답니다. 흑임자를 갈아 드레싱으로 만들면 고소한 맛이 일품이죠. 손질한 채소에 휘리릭 뿌려 드세요. 샐러드의 맛을 한층 더 고소하게 살리며, 맛은 물론 영양까지 더해줍니다. 부드러운 연두부샐러드나 소고기상추샐러드 등 어떤 샐러드와도 잘 어울리고, 샤부샤부소스로 곁들여도 좋답니다.

판교
소중한식사

고추씨 간장소스

재료
고추씨 2큰술, 간장 5½큰술, 미림 1큰술,
소주 1큰술, 물엿 1/2컵, 흑설탕 2큰술

만드는 법
분량의 재료를 골고루 섞는다.

이렇게 활용해요
활용도가 높은 양념장이에요. 넉넉히 만들어 각종 마른 반찬과 조림에 사용해보세요. 실미채, 홍진미채 등의 요리에 넣거나 고추장을 약간 섞어 쥐포채를 무쳐도 좋아요. 된장과 다진 생강을 추가해 각종 생선조림의 베이스 양념으로 사용하면 밥 한 공기는 뚝딱 해치울 수 있어요.

그동안 꼭꼭 숨겨놨던 반찬가게만의 특급 비법장을 소개할게요. 반찬가게 네 곳의 베스트 양념장만 알고 있으면 그 어떤 요리도 문제없답니다. 무침, 볶음, 조림, 찜, 샐러드 등 다양한 요리에 요긴하게 활용할 수 있는 '열 반찬 부럽지 않은 양념장', 바로 따라 해보세요.

분당
리쿡54

수제 감고추장

재료
대봉감 2개(200g), 고춧가루 4큰술,
찹쌀가루 1큰술, 메줏가루 1큰술

만드는 법
대봉감을 믹서에 넣어 곱게 간 뒤 나머지 분량의 재료와 섞는다. 7일 정도 실온에서 발효시킨다.

이렇게 활용해요
설탕의 단맛이 아니라 과일의 천연 단맛이기 때문에 매콤하면서 깔끔한 맛을 원할 때 사용하면 좋아요. 특히 육류 요리를 할 때 깊은 맛을 발휘하지요. 제육볶음, 돼지갈비, 닭볶음탕 등을 만들 때 넣으면 항상 완성도 높은 요리를 완성할 수 있습니다. 매콤한 찜 요리나 오징어볶음에 넣어도 맛 내기는 문제없어요.

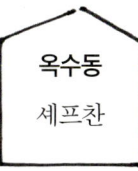

옥수동
셰프찬

만능 양념간장

재료
고춧가루 1큰술, 간장 8큰술, 물 2큰술,
다진 양파 1큰술, 다진 파 1큰술,
다진 청·홍피망 1큰술씩, 설탕 2큰술,
참기름·통깨 약간씩

만드는 법
분량의 재료를 골고루 섞는다.

이렇게 활용해요
맛과 향이 일품인 만능 양념간장이에요. 고등어구이, 삼치구이, 가오리찜, 꼬막찜 등 각종 생선구이나 찜 요리에 소스로 사용해보세요. 처음 만드는 요리인데도 고수의 맛을 느낄 수 있을 거예요. 식초를 1큰술 넣으면 부추겉절이, 달래무침 등 각종 나물류의 겉절이 양념으로도 충분하지요. 참기름을 추가하면 전 간장으로도 사용할 수 있답니다.

[요리가 쉬워지는 **재료 계량법**]

식재료를 일일이 계량스푼과 계량컵에 담는 것은 보통 일이 아니에요. 하지만 맛있는 요리를 완성하기 위해서는 정확한 계량이 필수죠. 이 책에서는 쉽고 정확한 계량을 위해 어느 집에나 있는 밥숟가락과 종이컵을 사용했어요. 쉬운 계량으로 요리 시간이 더욱 즐거워질 거예요.

밥숟가락으로 계량하기

가루 재료 분량 재기

설탕 1큰술
숟가락으로 수북이 떠서 위로 볼록하게 올라오도록 담아요.

설탕 1/2큰술
숟가락의 절반 정도만 볼록하게 담아요.

설탕 1/3큰술
숟가락의 1/3 정도만 볼록하게 담아요.

액체 재료 분량 재기

간장 1큰술
숟가락 한가득 찰랑거리게 담아요.

간장 1/2큰술
숟가락의 가장자리가 보이도록 절반 정도만 담아요.

간장 1/3큰술
숟가락의 1/3 정도만 담아요.

장류 분량 재기

고추장 1큰술
숟가락으로 가득 떠서 위로 볼록하게 올라오도록 담아요.

고추장 1/2큰술
숟가락의 절반 정도만 볼록하게 담아요.

고추장 1/3큰술
숟가락의 1/3 정도만 볼록하게 담아요.

종이컵으로 계량하기

육수(1컵=180ml)
종이컵에 가득 담아요.

육수(1/2컵=90ml)
종이컵의 절반만 담아요.

밀가루(1컵=100g)
종이컵에 가득 담아 자연스럽게 윗면을 깎아요.

다진 양파(1컵=110g)
종이컵에 가득 담아 자연스럽게 윗면을 깎아요.

아몬드(1/2컵=50g)
종이컵의 절반만 담아요.

손으로 계량하기

마늘종(1줌=50g)
엄지와 검지를 500원 동전 크기만큼 오므려 자연스럽게 쥐어요.

부추(1줌=50g)
엄지와 검지를 500원 동전 크기만큼 오므려 자연스럽게 쥐어요.

치커리(1줌=50g)
손으로 자연스럽게 한가득 쥐어요.

진미채(1줌=50g)
손으로 자연스럽게 한가득 쥐어요.

잔멸치(1줌=25g)
손으로 자연스럽게 한가득 쥐어요.

[요리가 더욱 맛있어지는 재료 썰기]

재료나 요리에 따라 썰기 방법은 제각각이지요. 요리를 완성했을 때 모양을 예쁘게 하기 위한 것도 있지만, 간을 골고루 배게 하고 알맞게 익히기 위해서입니다. 그래야 더 맛있고 완성도 높은 요리를 만들 수 있기 때문이죠. 요리에 도전하기 전, 재료 썰기 방법을 미리 익혀보세요.

깍둑썰기

채소나 과일 등을 정사각형으로 써는 방법이에요. 주로 깍두기, 카레, 볶음밥 등을 만들 때 쓰이지요.

편 썰기

썰기의 가장 기본적인 방법이에요. 마늘, 생강 등의 재료를 모양 그대로 얇게 저미듯 썰어주세요.

반달썰기

둥근 모양의 재료를 세로로 길게 가른 뒤 가로로 얇게 썰어주세요. 애호박, 당근, 감자 등을 손질해 찌개나 탕에 넣을 때 사용합니다.

어슷썰기

세로로 긴 재료를 한쪽으로 비스듬히 써는 방법이에요. 주로 대파, 오이, 고추 등을 손질할 때 쓰여요.

송송 썰기

대파, 쪽파, 고추 등과 같이 가늘고 긴 재료를 동그란 모양을 살려 일정한 간격으로 써는 방법입니다.

채 썰기

편으로 썰거나 어슷하게 썬 재료를 층층이 겹친 뒤 다시 일정한 간격으로 얇게 써는 방법이에요. 무침이나 볶음 재료를 손질할 때 쓰여요.

반찬가게가 공개하는
반찬, 끝까지 맛있게 먹는 비법

매일 밥상에 오르는 밑반찬. 냉장고와 식탁을 두세 번 오가면 선뜻 젓가락이 가지 않기 마련인데요. 두고두고 맛있게 먹는 비법을 소문난 반찬가게에서 알려드립니다. 바로 만든 반찬도 더 맛있게 먹는 알짜 팁은 물론 제대로 보관하는 노하우도 소개할게요.

나물은 약간 짭조름하게 간 맞추기

반찬을 가장 맛있게 먹으려면 제철 식재료로 본연의 맛을 느낄 수 있도록 양념을 최소화하는 것이 좋아요. 특히 봄나물은 향긋한 향과 식감이 양념에 묻히지 않도록 신경 써야 해서 끓는 물에 나물을 살짝 데쳐 가볍게 무쳐야 합니다. 반면 푹 삶은 나물은 보관 중에 물이 생겨 싱거워지는 경우가 많아요. 조리할 때 약간 짭조름하게 무쳐주세요. 밥 먹을 때쯤 되면 입맛에 딱 맞게 될 거예요.

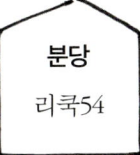

반찬은 당일에 만들어 최대한 당일에 먹기

하루 이틀만 지나도 먹기 싫어지는 게 반찬이지요. 또 많은 양을 만들어 밀폐용기에 담아 냉장 보관을 해도 반찬 뚜껑을 여닫는 사이에, 냉장고에서 왔다 갔다 하는 사이에 음식이 상하거나 맛이 변할 수 있어요. 최대한 반찬은 당일 조리해서 당일에 다 먹는 것이 좋습니다. 가장 맛있게 먹는 방법이기도 하지요. 특히 나물 반찬은 한 끼에 먹을 수 있는 양만 만드는 것이 좋습니다.

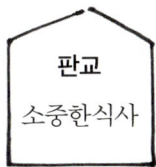

알맞은 냉장고 칸에 보관하기

반찬의 맛과 신선도를 위해 가장 신경 써야 하는 것이 바로 냉장고 온도예요. 칸마다 냉장 온도가 달라 어떤 음식을 어느 칸에 두느냐에 따라 맛이 좌우된답니다. 젓갈류, 무침 나물류, 밑반찬, 조림이나 볶음류 순으로 냉장고 위에서 아래로 보관해보세요. 냉장고 제일 위 칸은 냉기가 가장 강해 젓갈류를 보관하는 것이 좋습니다. 냉장고 두 번째와 세 번째 칸에는 빠르게 먹어야 하는 나물이나 자주 먹는 밑반찬을 넣어두면 맛이 유지되고, 쉽게 꺼낼 수 있어 편리하답니다.

만든 반찬을 빠르게 식혀 보관하기

반찬은 바로 만들어 바로 먹는 것이 가장 맛있지만, 1일 혹은 2일까지는 먹어도 맛이 유지되어 괜찮습니다. 반찬을 신선하게 오래 보관하고 싶다면 음식을 만든 뒤 빠르게 식혀 냉장고에 보관하세요. 빠르게 식히면 냉장고에 넣었다가 다시 데우거나 익혔을 때도 맛과 식감이 처음처럼 유지된답니다. 김치냉장고에 보관하는 것도 좋아요. 김치냉장고는 얼지 않을 만큼의 저온을 유지하기 때문에 오랫동안 신선하게 보관할 수 있습니다.

코다리조림
야채쏙쏙꼬마치킨
베이컨달걀말이
닭가슴살카레
수제떡갈비
생생양념깻잎
달콤진미
떡소불고기
오징어채소전
오리엔탈불고기샐러드
무말랭이무침
오이지무침
무생채
하얀콩나물무침
마늘종무침
오이부추무침
매콤멸치볶음
스팸김치볶음
스팸감자채볶음
표고버섯볶음
소고기무볶음
검은콩자반
닭가슴살장조림
훈제오리감자조림
애호박전
명란달걀말이
데리야키치킨강정
수제미트볼
한돈너비아니
오삼불고기

목동
채움반찬

가정식 프리미엄 반찬전문점

깐깐한 영양사의
식단으로
만드는 가정식 반찬

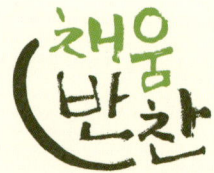

🏪 STORE × 목동 채움반찬

대표 명문 학군, 목동의 깐깐한 엄마들이 매일 찾는 채움반찬은 영양사 출신의 이지선 대표가 운영하는 반찬가게다. 목동 13단지에 위치한 이곳은 맹모삼천지교를 외치는 열혈 엄마들 사이에서 믿을 수 있는 품질과 맛으로 입소문이 나 있다. '당일 생산, 당일 판매' 원칙을 고수하는 이지선 대표는 전직 영양사답게 맛과 영양의 조화를 최우선으로 고려하여 매주 건강한 식단을 계획하고 준비한다. 또한 매일 새벽 강서농수산물시장에서 직접 장을 본 신선한 재료로 20~25가지의 반찬을 만들어 판매한다. MSG 대신 천연 조미료를 사용해 건강함을 더하고, 영양소 파괴를 최소화하는 방법으로 조리하는 것이 가장 큰 특징. 반찬은 기본 반찬을 포함해 엄마들을 위한 샐러드, 학교와 학원으로 온종일 바쁜 아이들을 위한 틈새 영양 간식까지 다양하게 구성되어 있다. 야채쏙쏙꼬마치킨, 닭가슴살카레, 수제떡갈비, 데리야키치킨강정 등은 아이에게 좋은 것만 주고 싶어 하는 깐깐한 목동 엄마들의 취향을 제대로 저격한 메뉴. 코다리조림, 달콤진미, 표고버섯볶음, 생생양념깻잎 등 엄마의 손맛을 느낄 수 있는 가정식 반찬도 가득하다. 그날그날의 메뉴는 홈페이지와 카카오스토리를 통해 미리 확인할 수 있어 20~50대까지 다양한 연령층의 발걸음이 끊이지 않는다.

위치 서울시 양천구 목동동로 100
　　　목동신시가지아파트 13단지 상가 110호
문의 010-8937-8924
영업시간 오전 10시 ~ 오후 8시(일요일 휴무)
홈페이지 www.fulldish.co.kr

BEST 1

채움반찬에서 가장 인기 있는 반찬이에요.
쫄깃하고 찰진 코다리와 매콤한 양념이 입에 착착 감긴답니다. 1년 내내 식탁에 올릴 정도로 말이죠.

쫀득쫀득 식감이 살아있네
코다리조림

Ingredient 4인분

코다리 2마리, 무 1/4개(400g), 양파 1/2개, 홍고추 1개, 대파 1대
양념장 고춧가루 2큰술, 고추장 1큰술, 간장 2큰술, 청주 3큰술, 물 2컵, 물엿 2큰술, 다진 마늘 1큰술, 설탕 1큰술

Recipe

1 코다리는 꼬리와 지느러미를 잘라내고 깨끗이 씻어 3~4등분 한다.

2 무는 1cm 두께로 큼직하게 썰고, 양파는 채 썬다. 홍고추와 대파는 어슷 썬다.

3 분량의 재료를 골고루 섞어 양념장을 만든다.

4 냄비에 무를 깔고 손질한 코다리를 겹치지 않게 넣은 뒤 양념장을 고루 끼얹는다.

5 센 불에서 10분간 끓이다가 중간 불로 줄인 뒤 양파, 홍고추, 대파를 넣고 양념장을 끼얹어 가며 조린다.

기호에 따라 청양고추를 넣으면 더 매콤하게 즐길 수 있어요.

바삭바삭 소리마저 맛있는 치킨은 아이들에게 최고의 간식이죠.
통조림 옥수수로 톡톡 터지는 식감을 살리고, 채소를 듬뿍 넣어 영양가도 높였답니다.

한입에 쏙쏙
야채쏙쏙꼬마치킨

Ingredient 4인분

닭다리살 600g, 통조림 옥수수 1컵(100g), 당근 1개, 빨강·초록 파프리카 1개씩, 양파 1/2개, 빵가루 3컵, 식용유 5컵
밑간 소금·후춧가루 약간씩
반죽 전분가루 2큰술, 튀김가루 2큰술, 소금·후춧가루 약간씩

Recipe

1 닭다리살은 소금과 후춧가루로 밑간한 뒤 한입 크기로 썬다.

2 당근, 빨강·초록 파프리카, 양파는 잘게 다지고 통조림 옥수수는 체에 받쳐 물기를 뺀다.

3 볼에 밑간한 닭다리살, 당근, 빨강·초록 파프리카, 양파, 통조림 옥수수, 분량의 반죽 재료를 모두 넣고 반죽한다.

4 반죽을 동그랗게 빚은 뒤 빵가루를 고루 묻힌다.

5 170도로 예열한 식용유에 동그랗게 빚은 반죽을 넣어 노릇하게 튀긴 뒤 키친타월에 받쳐 기름기를 뺀다.

BEST 3

다른 반찬과 함께 꼭 챙겨가는 인기 메뉴예요. 말린 베이컨과 각종 채소의 조화가 일품이랍니다. 따로 양념하지 않았는데도 베이컨이 짭짤해 밥이 술술 넘어가지요.

짭조름한 맛이 매력적인
베이컨달걀말이

Ingredient 4인분

말린 베이컨 4줄(80g), 달걀 5개, 당근 1/4개, 양파 1/4개, 대파 1/2대, 다진 마늘 1/2큰술, 식용유 약간

Recipe

1 말린 베이컨, 당근, 양파, 대파는 잘게 다진다.

2 달걀은 체에 내려 알끈을 제거한 뒤 곱게 푼다.

3 달걀물에 말린 베이컨, 당근, 양파, 대파와 다진 마늘을 넣고 섞는다.

4 달군 팬에 식용유를 두르고 달걀물의 반을 부어 약한 불에서 익힌다.

5 가장자리가 익기 시작하면 돌돌 말고, 거의 다 말아졌을 때 남은 달걀물을 붓고 연결해 말아 속까지 완전히 익힌다.

BEST 4

냉장고 구석에 자리 잡은 자투리 채소가 고민이세요? 그럼 모두 냄비에 넣고 카레를 만들어보세요. 고단백 저지방 식품인 닭가슴살을 넣어 더욱 건강하고 담백하답니다.

맨날 먹어도 맛있는
닭가슴살카레

Ingredient 4인분

닭가슴살 600g, 감자 1개, 당근 1/2개, 애호박 1/2개, 양파 1개, 카레가루 2컵, 물 3컵, 다진 마늘 2/3큰술, 식용유 약간
밑간 소금 1/3큰술, 후춧가루 약간

Recipe

1 닭가슴살은 한입 크기로 썰어 소금과 후춧가루로 밑간한다.

2 감자, 당근, 애호박, 양파는 사방 1.5cm 크기로 자른다.

3 카레가루는 미지근한 물에 잘 개어놓는다.

4 식용유를 두른 팬에 양파와 다진 마늘을 넣어 볶다가 양파의 가장자리가 반투명해지면 닭가슴살과 감자, 당근, 애호박을 넣고 볶는다.

5 감자가 2/3 정도 익으면 갠 카레가루를 원을 그려가며 고루 붓고 중간 불에서 뭉근하게 끓인다.

> 접시에 닭가슴살카레를 담고 모차렐라치즈를 살짝 뿌리면 더욱 고소해요.

담양의 떡갈비도 부럽지 않은 육즙 가득한 가정식 떡갈비예요.
가래떡을 넣어 쫀득쫀득하고, 손으로 빚어 포슬포슬한 식감이 살아있어요. 하나만 먹어도 아주 든든하답니다.

자글자글 구워야 제맛
수제떡갈비

Ingredient 4인분

소고기 다짐육 300g
돼지고기 다짐육 300g
가래떡 15cm짜리 4줄
당근 1/2개
양파 1/2개
대파 1/2대
식용유 약간

반죽
전분가루 1큰술
간장 1½ 큰술
다진 마늘 1/2큰술
설탕 1½ 큰술
소금·후춧가루 약간씩

Recipe

1 가래떡, 당근, 양파, 대파는 잘게 다진다.

2 볼에 소고기 다짐육, 돼지고기 다짐육, 당근, 양파, 대파, 분량의 반죽 재료를 모두 넣고 차지게 반죽한 뒤 비닐봉지에 넣어 냉장실에서 1시간 정도 숙성시킨다.

> 끈기가 생기도록 여러 번 치대야 굽는 과정에서 반죽이 부서지지 않아요.

3 반죽에 다진 가래떡을 넣고 끈기가 생기도록 치댄 뒤 주먹만큼 떼어내어 둥글납작하게 빚는다.

4 식용유를 두른 팬에 둥글납작하게 빚은 반죽을 올려 센 불에서 앞뒤로 노릇하게 구운 뒤 중간 불로 줄여 속까지 익힌다.

목동　　　　　　　　　　　　　　　　　　　　　　　　　　　　채움반찬

최고의 밥 반찬
생생양념깻잎

따끈따끈한 뽀얀 쌀밥에 향긋한 깻잎 한 장을 척 얹어보세요. 먹고 있어도 군침 돌게 하는 특급 반찬이랍니다.

Ingredient 2인분

깻잎 30장(3묶음)

양념장
고춧가루 3큰술, 멸치액젓 2큰술, 간장 2큰술, 맛술 2큰술, 물 5큰술, 다진 파 1큰술, 다진 마늘 1/2큰술, 설탕 1/2큰술, 참기름 1/2큰술, 통깨 약간

Recipe

1 깻잎은 찬물에 5분간 담갔다가 깨끗이 씻어 물기를 뺀다.

2 분량의 재료를 골고루 섞어 양념장을 만든다.

3 깻잎을 세 장씩 겹쳐가며 사이사이에 양념장을 고루 펴 바른다.

| 목동 채움반찬 |

달달하게 무쳐줘요
달콤진미

부드럽고 달콤해서 아이들이 무척 좋아하는 반찬이에요. 딱딱해지지 않도록 마요네즈를 넣는 것이 포인트지요.

Ingredient 4인분

진미채 3줌(150g),
아몬드 슬라이스 약간

양념장
마요네즈 1큰술, 간장 1/3큰술,
물엿 2큰술

Recipe

1 진미채는 가위를 이용해 5cm 길이로 자른다.

2 분량의 재료로 양념장을 만든 뒤 팬에 넣고 저어가며 끓인다.

뜨거운 양념장에 넣어 오래 버무리면 딱딱해지기 때문에 살짝만 버무려요.

3 양념장이 끓어오르면 진미채를 넣어 살짝 버무린 뒤 아몬드 슬라이스를 뿌린다.

BEST 8

아이 있는 집에서 가장 많이 찾는 반찬이에요. 아이들은 쫄깃한 떡을 골라 먹는 재미에, 어른들은 부드럽게 넘어가는 불고기 씹는 재미에 젓가락이 바빠지는 요리랍니다.

아이들이 더 좋아하는
떡소불고기

Ingredient 4인분

소고기 600g(불고기용), 조랭이떡 1줌(100g), 표고버섯 3개, 양파 1개, 홍고추 1개, 대파 1대, 식용유·통깨 약간씩
밑간 설탕 1큰술, 후춧가루 약간
양념장 간장 5큰술, 물엿 1큰술, 다진 마늘 1큰술, 설탕 4큰술, 참기름 2큰술, 후춧가루 약간

Recipe

1 소고기는 키친타월에 올려 핏물을 제거하고 5cm 크기로 썬 뒤 설탕과 후춧가루로 밑간한다.

2 표고버섯과 양파는 채 썰고, 홍고추와 대파는 어슷 썬다.

3 볼에 소고기, 표고버섯, 양파, 홍고추, 대파, 분량의 재료로 만든 양념장을 넣고 고루 버무린 뒤 20분간 재운다.

4 센 불로 달군 팬에 재운 소고기를 넣어 달달 볶는다.

5 소고기가 2/3 정도 익으면 중간 불로 줄이고 조랭이떡을 넣어 볶다가 통깨를 뿌린다.

오독오독 쫄깃쫄깃 씹는 맛이 즐거운 전이에요. 오징어와 채소에서 수분이 많이 나오기 때문에 반죽할 때 물을 많이 넣지 않아야 질척이지 않는답니다.

쫄깃쫄깃 야들야들
오징어채소전

Ingredient 4인분

오징어 1마리
부추 1/2줌(30g)
빨강·노랑 파프리카 1/2개씩
애호박 1/2개
당근 1/3개
양파 1/2개
식용유 약간

반죽
부침가루 2컵
물 1컵

Recipe

1 오징어는 반으로 갈라 내장을 빼고 껍질을 벗긴 뒤 깨끗이 씻어 잘게 다진다.

2 부추, 빨강·노랑 파프리카, 애호박, 당근, 양파도 잘게 다진다.

3 볼에 분량의 반죽 재료를 넣어 고루 섞은 뒤 다진 오징어와 부추, 빨강·노랑 파프리카, 애호박, 당근, 양파를 넣고 반죽한다.

4 달군 팬에 식용유를 두르고 반죽을 한 숟가락씩 떠 올려 앞뒤로 노릇하게 부친다.

BEST 10

불고기에 싱싱한 채소를 더한 샐러드는 엄마들이 찾는 힐링 메뉴죠. 가볍게 먹으면서도 든든한 한 끼 식사가 되는 샐러드 한 접시, 지금 바로 만들어봐요. 브런치 카페에서 사 먹는 샐러드가 부럽지 않을 거예요.

가볍게 즐기는 고기 샐러드
오리엔탈불고기샐러드

Ingredient 4인분

소고기 600g(불고기용), 어린잎 채소 7줌(350g), 양상추 4줌(200g), 방울토마토 10개
양념장 간장 2큰술, 설탕 2큰술, 참기름 1큰술
오리엔탈드레싱 씨겨자 1큰술, 간장 1큰술, 식초 2큰술, 올리브유 2큰술, 다진 마늘 1/2큰술, 설탕 2큰술

Recipe

1 소고기는 키친타월에 올려 핏물을 뺀 뒤 한입 크기로 썬다.

2 분량의 재료로 만든 양념장을 소고기에 넣어 고루 버무린 뒤 달군 팬에 넣고 센 불에서 물기 없이 바싹 굽는다.

3 양상추는 한입 크기로 뜯어 어린잎 채소와 함께 찬물에 담갔다가 물기를 빼고, 방울토마토는 반으로 자른다.

4 분량의 재료로 오리엔탈드레싱을 만든다.

5 접시에 양상추와 어린잎 채소, 방울토마토를 담고 그 위에 구운 소고기를 얹은 뒤 오리엔탈드레싱을 뿌린다.

▬ 고춧잎과 꾸덕꾸덕하게 말린 무말랭이는 그야말로 환상의 조합이죠. 맛도 좋고, 영양의 궁합도 아주 잘 맞거든요. 매콤한 양념장에 조물조물 무치면 꼬들꼬들 씹히는 맛 때문에 도저히 끊을 수 없는 반찬이랍니다.

자꾸자꾸 씹고 싶어요
무말랭이무침

Ingredient 4인분

무말랭이 2줌(100g)
말린 고춧잎 1줌(50g)
다진 파 2큰술

양념장
고춧가루 3큰술
고추장 1큰술
멸치액젓 1/2큰술
물엿 1큰술
다진 마늘 1큰술
참기름 1큰술
통깨 1큰술

Recipe

1 무말랭이는 찬물에 담가 5분간 불렸다가 물기를 꼭 짠다.

2 말린 고춧잎은 깨끗이 씻어 미지근한 물에 10분간 불린 뒤 물기를 꼭 짠다.

3 분량의 재료를 골고루 섞어 양념장을 만든다.

4 볼에 불린 무말랭이와 고춧잎, 다진 파, 양념장을 넣고 조물조물 무친다.

할머니가 해주던 그 맛
오이지무침

찬밥에 물 말아서 함께 먹으면 딱 좋은 밥도둑 반찬이에요. 초여름, 입맛 없는 날 아작아작한 오이지 하나면 충분해요.

Ingredient 4인분

오이지 3개, 홍고추 1개, 쪽파 2대

양념장
고춧가루 3큰술, 물엿 3큰술,
다진 마늘 1큰술,
참기름·통깨 약간씩

Recipe

1 오이지는 동글동글하게 썰어 물에 10분간 담가 짠맛을 뺀 뒤 물기를 짠다.

2 홍고추와 쪽파는 송송 썬다.

3 볼에 오이지, 홍고추, 쪽파, 분량의 재료로 만든 양념장을 넣고 조물조물 무친다.

시원하고 아삭아삭한
무생채

달고 시원한 겨울무 하나만 있으면 뚝딱 만들 수 있어요. 밥에 무생채와 고추장을 넣고 쓱쓱 비벼 먹으면 한그릇은 뚝딱이지요.

Ingredient 4인분

무 1개(1kg), 쪽파 2대,
고춧가루 5큰술,
멸치액젓 3큰술,
물엿 2큰술, 다진 마늘 1큰술

Recipe

> 무는 결대로 썰어야 식감이 오돌오돌하고 무쳤을 때 물이 덜 나와요.

> 하루 정도 익혀서 먹으면 더욱 맛있어요.

1 무는 굵게 채 썰고, 쪽파는 송송 썬다.

2 무채에 고춧가루를 넣고 버무려 고르게 색을 낸다.

3 쪽파와 멸치액젓, 물엿, 다진 마늘을 넣고 조물조물 무친다.

값싸고 만만한 기본 반찬
하얀콩나물무침

콩나물 한 봉지만 있으면 반찬 걱정은 없답니다. 뚝딱 완성되는 초간단 요리지만, 매일 먹어도 결코 질리지 않아요.

Ingredient 4인분

콩나물 1봉지(300g),
홍고추 1개,
다진 파·다진 마늘 1큰술씩,
소금 1½ 큰술,
참기름·통깨 약간씩

Recipe

1 콩나물은 꼬리를 다듬은 뒤 깨끗이 씻는다. 홍고추는 송송 썬다.

2 물에 소금(1/2큰술)과 콩나물을 넣고 끓이다가 팔팔 끓으면 뚜껑을 닫고 1분간 삶은 뒤 식힌다.

3 볼에 콩나물, 홍고추, 다진 파, 다진 마늘, 소금, 참기름, 통깨를 넣고 가볍게 무친다.

목동 재움반찬

두고두고 생각나는 알싸한 맛
마늘종무침

알싸한데 매콤해서 자꾸 손이 가요. 단단하고 탄력이 있는 마늘종을 골라 무치면 두고두고 맛있게 즐길 수 있지요.

Ingredient 4인분

마늘종 2줌(100g), 소금 약간

양념장
고춧가루 1큰술, 고추장 1큰술,
물엿 2큰술, 다진 마늘 1/2큰술,
참기름·통깨 약간씩

Recipe

1 마늘종은 깨끗이 씻어 4cm 길이로 썬다.

2 소금을 넣은 끓는 물에 마늘종을 넣고 30초간 데친 뒤 찬물에 담갔다가 체에 밭쳐 식힌다.

3 볼에 마늘종과 분량의 재료로 만든 양념장을 넣고 고루 버무린다.

바로 만들어 바로 먹는
오이부추무침

사라진 입맛을 되찾아주는 별미 김치예요. 오이가 상큼함을, 부추가 알싸함을 안겨줘 입을 개운하게 씻어준답니다.

Ingredient 4인분

오이 2개, 부추 2줌(100g), 쪽파 5대, 굵은소금 약간

양념장
고춧가루 2큰술, 멸치액젓 2큰술, 물엿 2큰술, 다진 마늘 1큰술, 설탕 1큰술, 참기름·통깨 약간씩

Recipe

1 오이는 깨끗이 씻어 길게 반 갈라 어슷 썬 뒤 굵은소금에 10분간 절인다.

2 부추와 쪽파는 깨끗이 씻어 물기를 뺀 뒤 5cm 길이로 썬다.

3 볼에 물기를 짠 절인 오이와 부추, 쪽파, 분량의 재료로 만든 양념장을 넣어 가볍게 버무린다.

밑반찬의 대명사
매콤멸치볶음

우리 집 칼슘을 부탁해! 아이는 물론 온 가족의 뼈 건강을 책임져 주는 반찬이에요. 매콤하고 바삭하게 볶으면 순식간에 사라져요.

Ingredient 4인분

볶음용 멸치 2컵(100g),
고추기름 1큰술, 통깨 약간

양념장
고춧가루 3큰술, 고추장 1큰술,
물엿 2큰술, 다진 마늘 1/2큰술

Recipe

1 체에 밭쳐 부스러기를 털어낸 멸치는 마른 팬에 넣고 기름 없이 노릇하게 볶은 뒤 덜어둔다.

2 분량의 재료로 양념장을 만들어 달군 팬에 넣고 중간 불에서 끓인다.

3 덜어둔 멸치를 넣고 고루 버무린 뒤 고추기름과 통깨를 넣고 재빨리 섞는다.

냉장고가 텅텅 비었다면 어느새 애물단지가 된 묵은 김치를 꺼내보세요.
스팸을 송송 썰어 넣어 달달 볶기만 해도 밥이 술술 넘어가는 효자 반찬이 된답니다.

목동 채움반찬

식어도 맛있는
스팸김치볶음

Ingredient 4인분

묵은 김치 1/4포기(200g)
스팸 1/2캔(70g)
고춧가루 1큰술
다진 마늘 1큰술
설탕 1/2큰술
참기름 1큰술
통깨 1큰술
식용유 약간

Recipe

1 묵은 김치는 양념을 털어낸 뒤 송송 썬다.

2 스팸은 사방 1cm 크기로 깍둑 썬다.

3 달군 팬에 식용유를 두르고 다진 마늘을 넣어 볶다가 묵은 김치를 넣고 볶는다.

3 묵은 김치가 부드러워지면 스팸, 고춧가루, 설탕, 참기름을 넣고 스팸이 익을 때까지 볶은 뒤 통깨를 뿌린다.

> 김치의 신맛이 너무 강할 때는 설탕을 조금 넣어요. 설탕의 단맛이 신맛을 줄여줘요.

성장기 아이들에게 더없이 좋은 감자를 달달 볶았어요. 짭조름한 스팸이 들어가 아이들이 더 좋아하지요.
요리할 때 감자의 전분기를 제거해야 한다는 사실을 잊지 마세요. 찬물에 담가 전분기를 뺀 뒤 볶아야 팬에 눌어붙지 않는답니다.

아이 취향 저격
스팸감자채볶음

Ingredient 4인분

감자 3개(450g), 스팸 1/2캔(70g), 노랑·초록 파프리카 1/2개씩, 식용유 1큰술, 소금·후춧가루 약간씩

Recipe

전분기를 빼야 볶을 때에 팬에 눌어붙지 않아요.

1 감자는 채 썰어 찬물에 담가 전분기를 뺀다.

2 스팸과 노랑·초록 파프리카는 채 썬다.

3 전분기를 뺀 감자는 끓는 물에 30초간 데친 뒤 체에 밭쳐 물기를 뺀다.

4 달군 팬에 식용유를 두르고 감자를 넣어 볶다가 소금과 후춧가루로 간을 한다.

5 감자가 투명해지면 스팸과 노랑·초록 파프리카를 넣고 살짝 볶는다.

표고버섯은 다른 버섯보다 향이 진해 볶아도 고유의 향이 살아있어요.
버섯의 향과 함께 쫄깃쫄깃한 맛을 즐겨보세요. 굴소스를 넣었더니 더욱 고소해요.

입안 가득 퍼지는 가을 향
표고버섯볶음

Ingredient 4인분

표고버섯 10개
양파 1/4개
홍고추 1개
다진 파 1큰술
다진 마늘 2/3큰술
굴소스·참기름 1/2큰술씩
통깨 1큰술
식용유·후춧가루 약간씩

Recipe

1 표고버섯은 밑동을 자르고 흐르는 물에 살짝 씻은 뒤 물기를 빼서 채 썬다.

2 양파와 홍고추도 채 썬다.

3 식용유를 두른 팬에 다진 마늘을 넣고 볶아 향을 낸 뒤 표고버섯을 넣어 노릇하게 볶는다.

4 양파, 홍고추, 굴소스를 넣고 재빨리 볶은 뒤 다진 파, 참기름, 후춧가루를 넣고 볶다가 통깨를 뿌린다.

부드럽게 술술 넘어가는
소고기무볶음

겨울무는 시원하고 단맛이 강해 참기름에 볶기만 해도 고소하고 달콤해요. 뜨거울 때 밥에 얹어 먹으면 입안에서 살살 녹는답니다.

Ingredient 4인분

소고기 다짐육 200g,
무 1/4개(400g), 홍고추 1개,
대파 1/2대, 다진 마늘 1/3큰술,
소금 1/3큰술, 참기름 1/2큰술,
통깨 약간

Recipe

1 무는 결대로 도톰하게 채 썬다. 홍고추와 대파는 송송 썬다.

2 달군 팬에 참기름을 두르고 다진 마늘과 소고기 다짐육을 넣어 볶는다.

물기가 없어질 때까지 볶아야 해요.

3 소금과 채 썬 무를 넣고 무가 부드러워질 때까지 볶다가 홍고추, 대파, 통깨를 넣고 볶는다.

국민 반찬
검은콩자반

윤기가 자르르한 콩자반은 남녀노소 누구에게나 사랑받는 기본 밑반찬이죠. 요리 초보도 쉽게 만들 수 있답니다.

Ingredient 4인분

서리태 1컵(130g), 물 1컵, 간장 1큰술, 물엿 1큰술, 통깨 약간

Recipe

> 콩은 강한 불에서 끓이면 딱딱해져요.

1 서리태는 깨끗하게 씻어 냄비에 물과 함께 넣고 약한 불에서 20분간 끓인다.

2 콩 삶은 물이 반으로 줄아들면 간장과 물엿을 넣고 20분간 뭉근하게 졸인다.

3 센 불로 올려 5분간 졸인 뒤 윤기가 돌면 통깨를 뿌린다.

단백질이 풍부하고 지방 함량은 낮은 닭가슴살로 장조림을 만들어보세요.
영양은 높이고, 지방과 나트륨은 확 낮춘 건강한 반찬이 완성된답니다. 생각보다 담백하고 부드러워 깜짝 놀랄 거예요.

담백한 맛에 밥 한 그릇 추가
닭가슴살장조림

Ingredient 4인분

닭가슴살 400g, 꽈리고추 5개, 통마늘 3쪽, 청주 1큰술
양념장 간장 1/2컵, 물 1컵, 물엿 2큰술

Recipe

청주가 닭가슴살의 잡내를 제거해요.

1 냄비에 닭가슴살과 청주를 넣은 뒤 자작하게 물을 부어 중간 불로 삶는다.

2 꽈리고추는 꼭지를 떼고 깨끗이 씻은 뒤 이쑤시개로 찔러 구멍을 낸다.

3 삶은 닭가슴살은 건져 결대로 찢는다.

4 냄비에 닭가슴살과 분량의 재료로 만든 양념장을 넣고 중간 불에서 조린다.

5 양념장이 반으로 졸아들면 꽈리고추와 통마늘을 넣고 한 번 더 조린다.

오리에는 단백질과 불포화지방산이 풍부해 영양을 보충해줘요.
여기에 감자와 부추까지 더해 보양식으로 금상첨화랍니다.

집에서 먹는 보양식
훈제오리감자조림

Ingredient 4인분

훈제오리 400g(1/2마리), 감자 1개, 부추 1줌(50g), 빨강 · 초록 파프리카 1/2개씩, 양파 1/2개, 소금 · 식용유 약간씩
양념장 간장 2큰술, 물 2큰술, 올리고당 1큰술, 다진 마늘 1/2큰술, 후춧가루 약간

Recipe

1 훈제오리는 끓는 물에 살짝 데쳐 기름기를 뺀 뒤 1cm 두께로 썬다.

2 감자는 반달 모양으로 썰어 찬물에 담가 전분기를 없앤다. 부추는 5cm 길이로 썰고, 빨강 · 초록 파프리카, 양파는 채 썬다.

3 분량의 재료를 골고루 섞어 양념장을 만든다.

4 달군 팬에 식용유를 두르고 감자와 소금을 넣어 볶다가 양념장을 넣고 센 불에서 볶는다.

5 양념장이 끓어오르면 중간 불로 줄이고 훈제오리를 넣어 고루 섞은 뒤 부추와 빨강 · 초록 파프리카, 양파를 넣고 재빨리 섞는다.

사시사철 파는 흔한 1000원짜리 채소지만, 전으로 부치면 근사한 반찬으로 변신합니다.
달걀옷을 입혀 노릇노릇하게 지져서 먹으면 살캉살캉 부드럽게 씹히는 맛이 얼마나 좋은지 몰라요.

목동　　　　　　　　　　　　　　　　　　　　　　재움반찬

만들면 그 자리에서 다 먹는
애호박전

Ingredient 4인분

애호박 2개
홍고추 1개
달걀 2개
밀가루 2컵
소금 1/2큰술
식용유 약간

Recipe

1 애호박은 깨끗이 씻어 0.5cm 두께로 썬 뒤 소금을 뿌려 살짝 절인다.

2 홍고추는 송송 썰고, 달걀은 곱게 푼다.

애호박을 달걀물에 넣기 전에 손바닥에 대고 탁탁 쳐서 여분의 밀가루를 털어내요.

3 절인 애호박은 물기를 제거해 앞뒤로 밀가루를 살짝 묻힌 뒤 다시 달걀물을 고르게 묻힌다.

4 식용유를 두른 팬에 애호박을 올리고 홍고추로 모양을 낸 뒤 중간 불에서 앞뒤로 노릇하게 부친다.

도시락 반찬의 대명사, 달걀말이에 색다른 재미를 더했어요.
명란을 통째로 올려 돌돌 말았더니 입안에서 톡톡 터져 더욱 맛있어요.

톡톡 터지는
명란달걀말이

Ingredient 4인분

명란 2개(40g)
달걀 4개
식용유 약간

Recipe

좀 더 고소하고 부드러운 맛을 원한다면 우유 2큰술을 넣어요.

1 달걀은 체에 내려 알끈을 제거한 뒤 곱게 푼다.

2 달군 팬에 식용유를 두르고 달걀물의 반을 부어 약한 불에서 익힌다.

3 가장자리가 익기 시작하면 한쪽 끝에 명란을 올려놓고 으깨어 펴 바른 뒤 안쪽으로 접어 만다.

4 거의 다 말아졌을 때 남은 달걀물을 붓고 연결해 말아 속까지 완전히 익힌다.

바삭한 치킨을 달콤한 데리야키소스에 버무렸더니 입에서 살살 녹아요.
한 입 두 입 먹다 보면 눈 깜짝할 새에 사라진답니다.

아이들이 더 달라고 조르는
데리야키치킨강정

Ingredient 4인분

닭다리살 600g, 전분가루 1컵, 아몬드 슬라이스 약간, 식용유 5컵
밑간 소금 · 후춧가루 약간씩
데리야키소스 양파 1/4개, 대파 1/3대, 마늘 2쪽, 생강 1톨(10g), 치킨스톡 1큰술, 간장 1/2컵, 전분물 1/2컵, 설탕 3큰술

Recipe

1 닭다리살은 소금과 후춧가루로 밑간한 뒤 한입 크기로 썬다.

2 비닐봉지에 밑간한 닭다리살과 전분가루를 넣고 잘 흔들어 전분가루를 고루 묻힌다.

3 170도로 예열한 식용유에 닭다리살을 넣어 속까지 익도록 6분간 노릇하게 튀긴 뒤 키친타월에 밭쳐 기름기를 뺀다.

4 양파와 대파는 굵게 다지고, 마늘과 생강은 얇게 저민다.

> 물 3큰술에 전분가루 2큰술을 넣고 풀어 가라앉힌 전분물을 사용해요.

5 팬에 전분물을 제외한 데리야키소스 재료를 넣고 끓인다. 끓기 시작하면 주걱으로 저으면서 전분물을 넣고 부르르 끓어오르면 불을 끈다.

6 데리야키소스에 튀긴 닭다리살을 넣어 고루 버무린 뒤 아몬드 슬라이스를 뿌린다.

군침이 절로 고이는 속이 꽉 찬 미트볼이에요. 크게 한입, 덥석 물면 다른 반찬은 생각도 나지 않을 거예요.
고기 본연의 맛과 향을 살린 것이 포인트예요.

영양 덩어리
수제미트볼

Ingredient 4인분

소고기 다짐육 250g, 돼지고기 다짐육 250g, 당근 1/2개, 양파 1개, 대파 1대, 빵가루 2컵, 식용유 5컵
반죽 빵가루 1컵, 전분가루 3큰술, 간장 2큰술, 다진 파·다진 마늘 3큰술씩, 설탕 2큰술, 참기름 1큰술, 후춧가루 약간
소스 하이라이스가루 1큰술, 돈까스소스 2큰술, 케첩 2큰술, 다진 마늘 1큰술, 설탕 2큰술

Recipe

1 당근, 양파, 대파는 잘게 다진다.

2 볼에 소고기 다짐육, 돼지고기 다짐육, 당근, 양파, 대파, 분량의 반죽 재료를 넣고 손으로 치대 반죽을 만든다.

3 반죽을 한입 크기로 떼어 동그랗게 빚은 뒤 빵가루를 골고루 묻힌다.

4 170도로 예열한 식용유에 넣어 노릇하게 튀긴 뒤 키친타월에 밭쳐 기름기를 뺀다.

5 분량의 재료로 만든 소스를 달군 팬에 넣고 부르르 끓어오르면 튀긴 미트볼을 넣어 고루 버무린다.

돼지고기로 너비아니를 만들어보세요. 양념이 돼지고기에 고루 배어 입안에서 살살 녹을 정도로 담백하고 부드러워요. 기력 없고, 깔깔한 입맛을 돋우는데 최고의 반찬이지요.

돼지고기가 너비아니로 변했어요
한돈너비아니

Ingredient 4인분

돼지고기 앞다리살 600g(샤부샤부 두께), 양파 1개, 식용유·검은깨 약간씩
양념장 간장 4큰술, 청주 2큰술, 다진 마늘 2큰술, 설탕 4큰술, 참기름 2큰술, 통깨·후춧가루 약간씩

Recipe

돼지고기는 샤부샤부 두께로 썰어진 것을 구입하면 편해요.

1 돼지고기 앞다리살은 샤부샤부 용처럼 얇은 것으로 준비해 가위로 듬성듬성 자른다.

2 양파는 굵게 채 썬다.

3 분량의 재료로 만든 양념장에 돼지고기를 넣어 고루 버무린 뒤 30분간 재운다.

4 재어놓은 돼지고기를 너비아니 크기 형태로 빚는다.

5 센 불로 달군 팬에 식용유를 두르고 빚은 돼지고기를 올려 겉면을 노릇하게 구운 뒤 중간 불로 줄여 속까지 익힌다.

6 양파는 돼지고기를 구워낸 팬에 넣어 고기 향만 묻도록 살짝 볶는다. 돼지고기 위에 볶은 양파를 얹고 검은깨를 뿌린다.

인기 외식 메뉴를 집에서 즐겨요. 매콤한 양념에 돼지고기와 오징어를 듬뿍 넣어 휘리릭 볶으면 온 가족 주말 메뉴로 손색없지요. 반찬으로 먹어도 좋고, 한 그릇 덮밥으로 활용해도 훌륭하답니다.

오징어와 돼지고기의 화끈한 만남
오삼불고기

Ingredient 4인분

오징어 1마리, 돼지고기 600g(불고기용), 당근 1/2개, 양파 1개, 홍고추 2개, 대파 1대, 식용유·통깨 약간씩
양념장 고춧가루 5큰술, 고추장 2큰술, 간장 2큰술, 올리고당 1큰술, 다진 마늘 1큰술

Recipe

1 오징어는 깨끗이 씻어 사선으로 칼집을 낸 뒤 5cm 길이로 썬다. 돼지고기는 한입 크기로 썬다.

2 당근은 반달 모양으로 자르고, 양파는 굵게 채 썬다. 홍고추와 대파는 어슷 썬다.

3 볼에 오징어, 돼지고기, 손질한 채소, 분량의 재료로 만든 양념장을 넣고 고루 버무린다.

4 센 불로 달군 팬에 식용유를 두르고 양념한 오징어와 삼겹살을 넣어 중간 불에서 익힌다.

5 삼겹살이 다 익으면 통깨를 뿌린다.

꽈리멸치볶음
맛살달걀말이
아삭이고추된장무침
영양부추무침
오징어초무침
오징어실미채
도라지초무침
우엉채볶음
스프링롤
건취나물
콩나물무침
참나물무침
생와사비해초무침
도토리묵무침
도라지볶음
마늘종새우볶음
깻순볶음
고사리나물볶음
애호박볶음
쥐포채조림
연근조림
갈치조림
생연어조림
양념꼬막
꽈리오징어조림
메추리알조림
콥샐러드
감자샐러드
궁중떡볶이
표고오이갑장과

STORE
2

판교
소중한식사

젊은 엄마들의
니즈를 제대로 저격한
웰빙 반찬 전문점

소중한식사
WHOLESOME KITCHEN

STORE × 판교 소중한 식사

서울보다 핫한 도시, 젊은 엄마들이 가장 살고 싶은 도시인 판교에서 핫 플레이스로 떠오른 반찬가게다. 젊은 판교맘들이 카페 가듯 들르는 이곳은 과거 대기업 F&B 계열사에서 식재료 수입 파트를 담당했던 소정윤 대표가 자신의 경험을 살려 오픈한 웰빙 반찬 전문점. 페이스북과 인스타그램을 통해 순식간에 입소문이 퍼져 판교뿐 아니라 서초, 잠실, 용인, 부천, 수원 등 멀리서도 직접 찾아와 반찬을 구매해 갈 정도다. 집밥의 소중함을 아는 소정윤 대표는 엄마의 마음으로 건강한 식사를 제공하기 위해 좋은 식재료를 직접 고르고 관리하며, 젊은 엄마들이 원하는 트렌디한 레시피를 끊임없이 개발한다. 반드시 가락시장에서 최상의 식재료만을 구입하고 신안의 천일염, 하동의 홍매실로 담근 매실청, 서해 오천과 남해 등지의 특산품인 젓갈, 매주 방앗간에서 막 짜낸 참기름과 들기름을 공수해서 사용하며 레몬, 체리, 부추, 한방 등의 식재료로 천연 발효식초를 직접 담가 건강한 반찬을 선보인다. 소중한식사에서 만날 수 있는 메뉴는 총 120여 가지. 그중 90여 가지는 매일 조리되어 나오는데, 달걀말이는 없어서 못 팔 정도의 스테디셀러 메뉴다. 우엉채볶음, 건취나물, 참나물무침, 깻순볶음 등 나물 반찬이 인기며 스프링롤, 궁중떡볶이, 생연어조림 등의 이색 반찬도 만날 수 있다.

위치 경기도 성남시 분당구 운중로 239
문의 031-8017-1407
영업시간 오전 9시 ~ 오후 8시 30분(일요일 휴무)
홈페이지 www.mydinner.kr

BEST 1

만드는 순간 바닥나는 우리 가게의 비밀 병기 메뉴입니다.
꽈리고추의 은은한 향이 멸치에 배어 깔끔한 맛이 매력이죠.

가장 사랑받는 인기 반찬
꽈리멸치볶음

Ingredient 4인분

꽈리고추 4줌(80g)
잔멸치 2컵(100g)
소금·식용유 약간씩

양념장
고춧가루 1큰술
물엿 2½큰술
다진 마늘 1/2큰술
참기름 1큰술
통깨 1큰술

Recipe

1 꽈리고추는 꼭지를 떼고 깨끗이 씻은 뒤 물기를 뺀다. 크기가 큰 것은 반으로 자른다.

2 식용유를 두른 팬에 꽈리고추와 소금을 넣어 꽈리고추에 식용유와 소금을 고루 묻히듯 볶은 뒤 덜어둔다.

3 달군 팬에 식용유를 두르고 잔멸치를 넣어 노릇하게 볶는다.

센 불에서 빠르게 볶아야 꽈리고추에서 물이 생기지 않고 윤기가 나요.

4 덜어둔 꽈리고추와 분량의 재료로 만든 양념장을 넣고 센 불에서 재빨리 볶는다.

BEST 2

포털 사이트 메인 화면에도 소개되었던 달걀말이예요.
한입 베어 물면 담백한 달걀 육즙이 입안에 사르륵 퍼진답니다. 꼭 한번 만들어보세요.

동네방네 소문난
맛살달걀말이

Ingredient 4인분

달걀 10개, 맛살 2줄, 당근 1/3개, 쪽파 4대, 구운 김 1장, 식용유 약간
달걀흰자 밑간 미림 1큰술, 소금 약간
달걀노른자 밑간 미림 1큰술, 소금 약간

Recipe

1 당근은 잘게 다지고, 쪽파는 송송 썬다.

2 달걀 9개는 흰자와 노른자를 분리하고, 나머지 달걀 1개는 노른자가 있는 볼에 넣는다.

3 달걀흰자는 밑간한 뒤 체에 내려 알끈을 제거하고, 당근과 쪽파를 넣어 고루 섞는다. 달걀노른자는 밑간한 뒤 곱게 푼다.

4 달군 팬에 식용유를 두르고 달걀흰자를 1/3 정도 붓는다. 그 위에 구운 김을 깔고 한쪽 끝에 맛살을 나란히 올려 돌돌 만다.

5 거의 다 말아졌을 때 남은 달걀흰자를 부어가며 말아 부치고, 마지막에 곱게 푼 달걀노른자를 부어 연결해 말아 속까지 익힌다.

사각 모양을 잡아가며 말아야 달걀말이를 썰었을 때 모양이 예뻐요.

소리까지 맛있는
아삭이고추된장무침

BEST 3

아삭아삭 씹히고 매운맛은 없어 누구나 부담 없이 즐길 수 있어요. 반찬으로도 최고지만, 특제 쌈장 레시피로 활용해도 좋아요.

Ingredient 4인분

아삭이고추 20개

양념장
고춧가루 1/2큰술, 된장 1컵,
마요네즈 1/2큰술,
올리고당 1½큰술,
다진 마늘 1/2큰술,
참기름·통깨 약간씩

Recipe

1 아삭이고추는 깨끗이 씻어 물기를 뺀 뒤 2cm 크기로 송송 썬다.

2 분량의 재료를 골고루 섞어 양념장을 만든다.

3 볼에 아삭이고추와 양념장을 넣고 고루 버무린다.

고기 단짝
영양부추무침

영양부추는 고기와 찰떡궁합이에요. 휘리릭 만들어 수육이나 차돌박이 구이에 곁들여보세요. 고기의 느끼함을 확 잡아준답니다.

Ingredient 4인분

영양부추 2줌(100g), 오이 1/2개, 양파 1/4개

양념장
고춧가루 2큰술, 참치액 1½큰술, 까나리액젓 2큰술, 식초 6큰술, 다진 마늘 1/2큰술, 설탕 1/3큰술, 참기름·통깨 약간씩

Recipe

오이는 반 갈라 씨를 제거한 뒤 사용해요.

부추는 털어가며 살살 무쳐야 풋내가 나지 않아요.

1 영양부추는 깨끗이 씻어 물기를 뺀 뒤 4cm 길이로 썬다.

2 오이는 깨끗이 씻어 어슷 썬다. 양파는 채 썰어 얼음물에 담갔다가 체에 밭쳐 물기를 뺀다.

3 볼에 영양부추, 오이, 양파, 분량의 재료로 만든 양념장을 넣고 살살 흔들어가며 무친다.

BEST 5

살짝 데친 야들야들한 오징어를 새콤달콤하게 무치면 씹을수록 더욱 맛있어요.
손님 초대상에 빠지지 않고 내는 이유가 있답니다.

쫀득쫀득 맛있어
오징어초무침

Ingredient 4인분

오징어 1마리
오이 1/2개
양파 1/2개
쪽파 5대
소주 1큰술

양념장

고춧가루 1½ 큰술
고추장 2큰술
매실청 1큰술
사과식초 3½ 큰술
다진 마늘 1/2큰술
설탕 1½ 큰술
참기름 1½ 큰술
통깨 1큰술

Recipe

끓는 물에 소주를 미리 넣으면 알코올이 날아가 비린내가 제거되지 않아요.

1 오징어는 내장을 아래로 뺀 뒤 끓는 물에 소주를 넣고 바로 살짝 데친다. 몸통은 링 모양으로 자르고, 다리는 5cm 길이로 썬다.

2 오이는 길게 반 갈라 씨를 제거한 뒤 어슷 썬다. 양파는 얇게 채 썰고, 쪽파는 3cm 길이로 자른다.

3 분량의 재료로 양념장을 만들어 고춧가루가 충분히 불도록 30분간 숙성시킨다.

2배 식초를 사용하면 더 새콤한 맛을 낼 수 있어요.

4 볼에 오징어, 오이, 양파, 쪽파, 양념장을 넣고 고루 버무린다.

BEST 6

말이 필요 없는 스테디셀러 밑반찬이에요. 꼬들꼬들하지만 딱딱하지 않고, 달달하면서 부드럽게 만드는 우리 가게만의 비법을 소개할게요.

이 양념장은 특급 비밀이야
오징어실미채

Ingredient 4인분

오징어 실채 3줌(150g)
참기름 1½큰술
들기름 1큰술
깨소금 1큰술
식용유 약간

양념장
고추씨 2큰술
간장 5½큰술
미림 1큰술
소주 1큰술
물엿 1/2컵
흑설탕 2큰술

Recipe

1 오징어 실채는 5cm 길이로 자른 뒤 덩어리지지 않도록 낱낱이 푼다.

2 팬에 식용유를 두르고 고추씨를 볶아 향을 낸다. 나머지 양념장 재료를 모두 넣고 중약불에서 바글바글 끓인 뒤 덜어내 식힌다.

> 위에서 털어내듯 뒤집어가며 볶아야 뭉치지 않고 고슬고슬해요.

3 식용유를 두른 팬에 오징어 실채, 참기름, 들기름을 넣고 약한 불에서 타지 않게 볶는다.

> 불을 끄고 바로 섞어야 양념이 뭉치지 않고 깨소금이 흩어지지 않아요.

4 오징어 실채가 노릇해지면 불을 끈 뒤 식힌 양념장 3큰술과 깨소금을 넣고 고루 섞는다.

BEST 7

명절 때 절대 빠지지 않는 반찬이죠. 빙초산의 자극적인 신맛이 아닌 건강한 초고추장으로 입맛을 돋워보세요. 아삭한 오이나 오징어를 곁들여도 좋아요.

새콤하고 쌉싸름한
도라지초무침

Ingredient 4인분

도라지 2줌(150g)
오이 1/4개
양파 1/4개
쪽파 2대

양념장
고춧가루 2½큰술
고추장 2큰술
현미식초 3½큰술
사과식초 1½큰술
매실액 2큰술
레몬즙 1큰술
다진 마늘 1/2큰술
설탕 3큰술
꽃소금 1/3큰술
참기름 1큰술
통깨 1큰술

Recipe

1 도라지는 껍질을 벗겨 방망이로 살근살근 두드린 뒤 잘게 찢는다.

2 오이는 길게 반 갈라 씨를 제거한 뒤 어슷 썬다. 양파는 얇게 채 썰고, 쪽파는 3cm 길이로 자른다.

> 설탕을 매실청으로 대체하지 마세요. 향긋한 도라지 향이 매실 향에 묻혀요.

3 분량의 재료로 양념장을 만들어 30분간 숙성시킨다.

4 볼에 도라지, 오이, 양파, 쪽파, 양념장을 넣고 고루 버무린다.

BEST 8

식이섬유가 풍부한 우엉은 변비에 탁월할 뿐 아니라 다이어트 식품으로도 좋답니다.
상추쌈에 우엉채를 넣어 먹어보세요. 꼬들꼬들해 고기 생각이 싹 사라지게 될 거예요.

내 입맛엔 고기 대신 우엉
우엉채볶음

Ingredient 4인분

- 우엉 30cm 길이 3개(300g)
- 풋고추 2개
- 간장 4큰술
- 물엿 5큰술
- 다진 마늘 1/2큰술
- 참기름 1/2큰술
- 식용유 3큰술
- 통깨 1큰술

Recipe

> 우엉을 찬물에 담가두면 갈변이 방지되고 떫은맛도 없어져요.

1. 우엉은 필러로 껍질을 벗겨 6cm 길이로 채 썬 뒤 찬물에 담갔다가 체에 밭쳐 물기를 뺀다.

2. 풋고추는 반 갈라 씨를 빼고 6cm 길이로 채 썬다.

3. 달군 팬에 식용유를 두르고 우엉을 넣어 볶는다. 우엉이 부드러워지면 간장과 물엿을 넣고 볶다가 우엉에 간장색이 들면 다진 마늘을 넣고 중간 불에서 달달 볶는다.

4. 양념이 졸아들면 풋고추를 넣고 한 번 더 볶다 불을 끈 뒤 참기름과 통깨를 넣고 버무린다.

알록달록한 색감이 입맛을 돋워 애피타이저로도 그만이에요.
냉장고 속 색색의 재료를 모두 활용해 만들어보세요. 자랑하고 싶은 일품요리가 완성된답니다.

피크닉에도 파티에도
스프링롤

Ingredient 4인분

닭가슴살 2쪽(250g), 크래미 1팩, 오이 1개, 빨강·노랑 파프리카 1/2개씩, 배 1/2개, 적채 1/8개, 깻잎 2묶음, 치커리·대파 약간씩, 월계수잎 1장, 통후추 3알, 라이스페이퍼 16장
파인애플땅콩소스 통조림 파인애플 2조각, 배 1/6개, 양파 1/8개, 마요네즈 7큰술, 피넛버터 3큰술, 홀그레인 머스터드 1½큰술, 화이트비네거 4큰술, 레몬즙 2큰술, 설탕 1큰술, 소금 1/2큰술

Recipe

1 분량의 재료를 믹서에 모두 넣고 갈아 파인애플땅콩소스를 만든다.

2 닭가슴살은 월계수잎, 대파, 통후추를 넣은 물에 넣어 삶은 뒤 식으면 결대로 가늘게 찢는다.

3 오이, 빨강·노랑 파프리카, 적채, 배는 채 썬다. 크래미는 길게 4등분하고, 깻잎과 치커리는 깨끗이 씻는다.

4 라이스페이퍼는 따뜻한 물에 담가 투명해지면 건져 도마 위에 펼치고 그 위에 깻잎을 깐다.

입맛에 따라 순무, 칵테일새우, 아보카도를 넣어도 맛있어요.

5 닭가슴살, 크래미, 채 썬 채소를 소복이 얹은 다음 라이스페이퍼를 반 정도 말고, 양쪽 끝을 안으로 접어 마저 단단하게 만다.

6 롤 가운데를 사선으로 잘라 치커리로 감싼 뒤 파인애플땅콩소스를 곁들인다.

BEST 10

부드럽게 삶은 건취나물은 생나물에 비해 목으로 넘어가는 식감이 좋아 의외로 아이들도 잘 먹는답니다.
들기름에 들깻가루까지 넣었으니 이보다 더 구수할 순 없겠지요.

일 년 내내 즐겨 먹는
건취나물

Ingredient 4인분

말린 취나물 4줌(30g)
(=불린 취나물 200g)
들깻가루 5큰술
참기름 1/2큰술
통깨 1큰술

양념장
멸치육수 2컵
국간장 3큰술
간장 1½큰술
물엿 1큰술
다진 마늘 1/2큰술
들기름 2큰술
식용유 2큰술

Recipe

취나물처럼 향이 좋은 건나물은 미리 불리지 않고 바로 삶아요.

1 말린 취나물은 끓는 물에 넣고 부드러워질 때까지 삶은 뒤 식으면 찬물에 2~3번 헹궈 물기를 꼭 짠다.

2 삶은 취나물에 분량의 재료로 만든 양념장을 넣어 고루 버무린 뒤 10분간 재운다.

3 팬에 양념장에 재운 취나물을 국물까지 모두 넣고 센 불에서 바글바글 끓인다.

4 국물이 반으로 줄어들면 약한 불로 줄이고 들깻가루를 넣어 골고루 섞은 뒤 불을 끄고 참기름과 통깨를 넣는다.

쉬운 듯하지만 제일 어려운 게 콩나물 데치기예요.
아삭하면서 비린내 나지 않게 데쳐내는 게 콩나물무침의 성공 포인트랍니다.

아삭한 식감이 관건
콩나물무침

Ingredient 4인분

콩나물 1봉지(300g)
쪽파 4대
고춧가루 2/3큰술
다진 마늘 1/3큰술
꽃소금 1/3큰술
천일염 약간
참기름 1큰술
통깨 1큰술

Recipe

1 콩나물은 깨끗이 씻고, 쪽파는 송송 썬다.

뚜껑을 닫지 않아야 비린내가 날아가요.

2 끓는 물에 콩나물을 넣고 끓이다가 물이 팔팔 끓어오르기 시작하면 그때부터 3분간 더 끓인다.

3 찬물로 헹궈 열기를 식힌 뒤 물에 2분간 담갔다가 체에 밭쳐 물기를 뺀다.

꽃소금과 천일염을 같이 넣으면 감칠맛이 돌아 음식의 풍미를 높여요.

4 볼에 콩나물, 쪽파, 고춧가루, 다진 마늘, 꽃소금, 천일염, 참기름, 통깨를 넣고 털어가며 가볍게 무친다.

사계절 인기 나물
참나물무침

참나물은 베타카로틴이 많아 안구건조증에 좋고 해독작용이 뛰어나요. 참나물 본연의 향을 살려 무쳐보세요. 생선이나 고기 요리와 잘 어울린답니다.

Ingredient 4인분

참나물 4줌(200g), 홍고추 1/4개

양념장
들깻가루 1½큰술,
다진 마늘 2/3큰술, 설탕 1/3큰술,
천일염 1/4큰술, 꽃소금 약간,
참기름 1큰술, 통깨 약간

Recipe

참나물은 꼭 짜면 질긴 맛만 남게 돼요. 물기가 촉촉하게 남아있도록 물기만 빼주세요.

1 참나물은 끓는 물에 넣어 10초간 데친 뒤 물기를 빼고 5cm 길이로 자른다. 홍고추는 채 썬다.

2 분량의 재료를 골고루 섞어 양념장을 만든다.

3 볼에 참나물, 홍고추, 양념장을 넣고 조물조물 무친다.

싱그러운 바다의 맛과 향
생와사비해초무침

푸른 빛깔의 해초는 풍부한 비타민과 미네랄을 지닌 나물이에요. 생와사비의 톡 쏘는 맛과 짙은 초록색이 식욕을 돋우는 힐링푸드랍니다.

Ingredient 4인분

해초 1봉지(250g)

양념장
생와사비 1큰술, 미림 1큰술,
소주 1큰술, 물엿 1큰술,
통깨 1/2큰술, 참기름 약간

Recipe

1 해초는 흐르는 물에 살짝 헹군 뒤 물기를 꼭 짠다.

2 분량의 재료를 골고루 섞어 양념장을 만든다.

3 볼에 해초와 양념장을 넣고 조물조물 무친다.

끓는 물에 살짝 데치면 도토리묵은 더욱 탱탱하고 쫀득쫀득해져요.
찰랑찰랑 대는 모양이 맛깔스러울 뿐 아니라 술술 넘어가서 어느새 한 접시가 뚝딱 사라진답니다.

말캉말캉 술안주로도 최고
도토리묵무침

Ingredient 4인분

도토리묵 1모(320g)
오이 1/2개
양파 1/4개
쪽파 5대
쑥갓 3줄기
깻잎 3장

양념장
고춧가루 1½큰술
간장 3큰술
다진 마늘 1/2큰술
설탕 1/2큰술
참기름 1큰술
통깨 1큰술

PLUS RECIPE

도토리묵 쑤기

Ingredient

도토리가루 1컵, 물 6컵,
소금 1큰술, 참기름 1큰술

Recipe

1. 물에 도토리가루와 소금을 넣고 저어가며 끓인다.
2. 팔팔 끓어오르면 불을 끄고 참기름을 넣고 젓는다.
3. 물을 살짝 묻힌 네모난 틀에 부어 굳힌다.

Recipe

1 분량의 재료로 양념장을 만들어 15분간 재운다.

2 도토리묵은 2×5cm 크기로 썬 뒤 끓는 물에 넣어 살짝 데친다.

채소는 서로 비슷한 길이로 잘라야 보기 좋고 먹기에도 좋아요.

3 오이는 길게 반 갈라 씨를 제거한 뒤 어슷 썬다. 양파는 얇게 채 썰고 쪽파, 쑥갓, 깻잎은 3cm 길이로 자른다.

4 볼에 도토리묵, 오이, 양파, 쪽파, 쑥갓, 깻잎, 양념장을 넣고 가볍게 버무린다.

씁쓸한 맛 때문에 아이들에게 인기가 없지만, 기관지엔 더없이 좋죠.
소금을 넣고 바락바락 주물러 쓴맛을 뺀 후 볶아보세요. 아이들의 젓가락질이 바빠질 거예요.

백도라지의 매력에 풍덩
도라지볶음

Ingredient 4인분

도라지 2줌(150g)
다진 마늘 1/3큰술
굵은소금 1큰술
꽃소금 1/2큰술
설탕 약간
식용유 2큰술
참기름 1큰술
통깨 1큰술

Recipe

1 도라지는 껍질을 벗겨 방망이로 살근살근 두드린 뒤 길게 채 썬다.

2 채 썬 도라지에 굵은소금을 넣고 바락바락 주무른다. 찬물에 헹궈 아린 맛을 뺀 뒤 30분간 물에 담갔다가 건져 물기를 꼭 짠다.

3 팬에 식용유를 두르고 도라지, 다진 마늘, 꽃소금, 설탕을 넣고 중간 불에서 5분간 볶는다.

4 도라지가 부드러워지면 불을 끄고 참기름과 통깨를 넣어 고루 버무린다.

3~5월이 제철인 국산 마늘종은 매운맛과 아린 맛은 없고 아삭해요.
마른 새우를 넣고 볶으면 최고의 식감을 자랑하죠. 한번 만들 때 넉넉히 만들면 일주일 반찬 걱정은 없답니다.

자꾸 생각나는 아삭아삭함
마늘종새우볶음

Ingredient 4인분

마늘종 3줌(140g)
마른 새우 2½컵(60g)
꽃소금 1/3큰술
식용유 약간
참기름 1큰술
통깨 1큰술

양념장
간장 1/2큰술
마늘즙 1/2큰술
물엿 2큰술

Recipe

1 마늘종은 깨끗이 씻어 4cm 길이로 썬다.

2 끓는 물에 마늘종을 넣고 파랗게 데쳐 찬물에 헹군 뒤 체에 밭쳐 물기를 뺀다.

볶을 때 가루와 작은 부스러기들이 팬에 떨어지면 타버려요.

3 달군 팬에 식용유를 두르고 마른 새우를 넣어 노릇해질 때까지 볶은 뒤 체에 담아 흔들어 가루를 털어낸다.

4 식용유를 두른 팬에 마늘종과 꽃소금을 넣어 센 불에서 살짝 볶는다. 볶은 새우와 분량의 재료로 만든 양념장을 넣어 볶다가 참기름과 통깨를 넣어 고루 섞는다.

담백하고 향긋한
깻순볶음

야들야들 연한 깻순은 향이 진해 볶아도 향긋하게 먹을 수 있는 나물이에요. 식감도 부드러워 아이들도 좋아하는 반찬이랍니다.

Ingredient 4인분

깻순 1봉(260g), 들깻가루 3큰술, 식용유 2큰술

양념장
멸치육수 2컵, 간장 2큰술, 국간장 3큰술, 다진 마늘 1/2큰술, 설탕 1/2큰술, 들기름 2큰술, 참기름 1큰술, 깨소금 약간

Recipe

다 볶은 후에는 넓은 접시에 펼쳐 식혀요. 빨리 식혀야 예쁜 초록색을 유지할 수 있어요.

1 깻순은 끓는 물에 넣어 3분간 데쳐 찬물에 헹군 뒤 양손으로 살짝 물기를 짠다.

2 깻순에 분량의 재료로 만든 양념장을 넣고 조물조물 무친다.

3 식용유를 두른 팬에 깻순을 넣어 센 불에서 볶다가 약한 불로 줄인 뒤 들깻가루를 넣고 볶는다.

판교 소중한식사

은근히 어려운 명절 나물
고사리나물볶음

고사리 특유의 비릿한 맛을 잡는 황금비율 레시피예요. 겨울에는 육수를 넉넉히 넣고 들깻가루를 솔솔 뿌려 국물과 함께 즐겨보세요.

Ingredient 4인분

삶은 고사리 3줌(350g), 대파 1/2대,
식용유 1큰술, 통깨 1큰술

양념장
멸치육수 1컵, 간장 2큰술,
국간장 3큰술,
미림 1큰술, 물엿 1큰술,
다진 마늘 1/3큰술, 들기름 1큰술

Recipe

> 고사리에 양념장을 잘 배게 하려면 뚜껑을 닫고 익혀요.

1 삶은 고사리는 끝의 억센 부분을 잘라낸 뒤 5cm 길이로 썰고, 대파는 송송 썬다.

2 볼에 삶은 고사리와 분량의 재료로 만든 양념장을 넣고 조물조물 무친다.

3 식용유를 두른 팬에 고사리를 넣고 볶다가 국물이 자작해지면 대파와 통깨를 넣는다.

10분이면 뚝딱
애호박볶음

반달 모양은 그대로 살리면서 살캉살캉 씹히는 애호박볶음 레시피를 소개할게요. 만들어 바로 먹는 것보다 10분 후에 먹는 게 간이 딱 맞답니다.

Ingredient 4인분

애호박 1개, 새우젓 1½큰술,
물엿 1/3큰술, 다진 마늘 2/3큰술,
식용유 2큰술,
참기름 1/2큰술, 깨소금 1/2큰술,
으깬 통들깨 1/2큰술

Recipe

1 애호박은 길게 반 갈라 도톰하게 반달 모양으로 썬다. 새우젓은 잘게 다진다.

2 달군 팬에 식용유를 두르고 애호박, 새우젓, 물엿, 다진 마늘을 넣고 센 불에서 볶는다.

3 애호박의 숨이 살짝 죽으면 불을 끄고 참기름, 깨소금, 으깬 통들깨를 넣어 고루 섞는다.

딱딱하지 않고 쫀득쫀득한
쥐포채조림

젊은 직장인부터 연세 지긋하신 아버지들도 즐겨 찾아요. 반찬은 물론 술안주로도 딱이거든요. 달달한 게 먹고 싶은 날, 한번 만들어보세요.

Ingredient 4인분

쥐포채 3줌(150g),
참기름 1/2큰술, 통깨 약간

양념장
고추씨 1/3큰술, 고추장 1/3큰술,
간장 1/2큰술, 미림 1큰술,
물엿 1큰술, 설탕 1/2큰술,
식용유 1큰술

Recipe

> 쥐포채를 찌면 살균도 되고, 수분이 생겨 딱딱하게 굳지 않아요.

1 김 오른 찜기에 쥐포채를 넣고 뚜껑을 연 채 2분간 찐다.

2 달군 팬에 분량의 재료로 만든 양념장을 넣고 끓이다가 쥐포채를 넣어 고루 버무린다.

3 쥐포채에서 윤기가 나면 불을 끄고 참기름과 통깨를 넣어 고루 섞는다.

단면이 예쁜 연근은 보는 재미와 아작아작 씹는 재미를 고루 갖춘 에너지 충전 반찬이에요.
영양소도 풍부해 아이 반찬으로도 아주 훌륭하답니다.

윤기가 반들반들
연근조림

Ingredient 4인분

연근 15cm짜리 2개
식초 약간
참기름 1/2큰술
통깨 1큰술

양념장
멸치육수 4컵
간장 8큰술
물엿 9큰술
흑설탕 2큰술
식용유 2큰술

Recipe

식초는 갈변을 예방하고, 연근의 떫은맛을 제거해요.

1 연근은 필러로 껍질을 벗기고 둥근 모양을 살려 0.5cm 두께로 썬다.

2 끓는 물에 연근과 식초를 넣고 5분간 삶은 뒤 찬물에 헹궜다가 체에 받쳐 물기를 뺀다.

3 냄비에 연근과 분량의 재료로 만든 양념장을 넣고 센 불에서 끓인다.

4 양념장이 바글바글 끓어오르면 중간 불로 줄이고 연근을 뒤적여가며 조린다. 연근에서 윤기가 나면 불을 끄고 참기름과 통깨를 넣어 고루 섞는다.

조림하면 입에서 살살 녹는 갈치조림이 최고죠. 숙성될수록 맛있는 비법 양념장을 넣어 만들면 생각만 해도 군침이 확 돌아요. 양념이 잘 밴 달큰한 무도 잊지 말고 드세요.

판교 소중한식사

부드러운 갈치와 달달한 무의 환상 궁합
갈치조림

Ingredient 4인분

갈치 1마리, 무 1/4개(400g), 감자 1개, 양파 1/2개, 청양고추 · 홍고추 1개씩, 대파 1대, 멸치육수 2½컵
양념장 고춧가루 3큰술, 된장 1/2큰술, 고추장 1/3큰술, 간장 1/4컵, 미림 2큰술, 소주 2큰술, 다진 마늘 1큰술, 다진 생강 약간, 설탕 2큰술

Recipe

1 분량의 재료로 양념장을 만든 뒤 냉장고에 넣어 30분간 숙성시킨다.

2 갈치는 칼등으로 비늘을 살살 긁어낸 뒤 머리와 지느러미를 제거하고 깨끗이 씻어 먹기 좋게 토막 낸다.

3 무와 감자는 1cm 두께로 큼직하게 자르고, 양파는 채 썬다. 청양고추, 홍고추, 대파는 어슷 썬다.

4 냄비 바닥에 무를 깔고 육수를 넣어 무가 익을 때까지 끓인다.

5 무 위에 감자, 갈치, 양념장 순으로 올린 뒤 뚜껑을 닫고 중간 불에서 7분간 끓인다.

6 감자가 익으면 불을 줄이고 양파, 청양고추, 홍고추, 대파를 넣은 뒤 양념장을 고루 끼얹어가며 5분간 더 끓인다.

세계 10대 슈퍼푸드인 연어는 고단백 저칼로리 생선이죠. 그래서 다이어터들이 즐겨 찾는 메뉴랍니다.
연어를 노릇하게 구워 간장 양념에 조리면 이보다 더 담백할 순 없죠.

친근하면서 고급스러운 맛
생연어조림

Ingredient 4인분

연어 2토막(340g), 대파 1대, 참기름 1/2큰술, 올리브유 적당량
양념장 된장 1/2큰술, 멸치육수 1/2컵, 간장 1/2컵, 미림 2큰술, 청하 2큰술, 물엿 5큰술, 다진 마늘 1큰술

Recipe

1 대파는 얇게 채 썰어 얼음물에 담 갔다가 체에 밭쳐 물기를 뺀다.

2 연어는 키친타월에 올려 핏물 과 여분의 수분을 제거한다.

3 팬에 올리브유를 넉넉히 두르 고 연어를 넣어 앞뒤로 살짝 굽 는다.

4 연어가 익으면 분량의 재료로 만든 양념장을 넣고 끼얹어가며 조린다. 팬의 한편에 대파채를 올려 양념장에 살짝 볶는다.

5 양념장이 자작하게 졸아들면 불을 끄고 연어 위에 참기름을 끼얹는다. 접시에 대파채를 담 고 그 위에 연어를 올린다.

통통하게 살이 오른 꼬막에 특제 양념장을 만들어 올렸더니 인기 폭발이에요.
꼬막뿐 아니라 두부조림, 깻잎무침에 사용해도 맛이 기가 막히답니다.

판교 소중한식사

올해는 꼬막 언제 나와요?
양념꼬막

Ingredient 4인분

꼬막 약 60개(600g), 당근 1/4개, 양파 1/2개, 쪽파 10대, 굵은소금 1½큰술
양념장 고춧가루 7큰술, 육수 1½컵, 간장 1컵, 다진 마늘 1큰술, 설탕 3큰술, 참기름 2큰술, 통깨 1½큰술

Recipe

1 볼에 꼬막과 굵은소금을 담고 꼬막이 잠길 만큼 미지근한 물을 붓는다. 검정 비닐을 덮어 30분간 해감시킨 뒤 깨끗이 씻는다.

한쪽 방향으로 저어야 꼬막 안의 육즙이 빠져나가지 않아요.

2 끓는 물에 해감한 꼬막을 넣고 한쪽 방향으로 열 번 정도 저어가며 끓인 뒤 불을 끄고 잠시 뜸을 들인다.

3 당근과 양파는 잘게 다지고, 쪽파는 송송 썬다.

4 볼에 당근, 양파, 쪽파, 분량의 양념장 재료를 넣고 고루 섞는다.

5 꼬막이 입을 벌리면 체로 건져 식힌다. 숟가락을 이용해 꼬막의 껍데기를 한쪽만 떼어낸 뒤 양념장을 올린다.

쫄깃함의 대명사 오징어의 동그란 모양을 살린 조림이에요.
꽈리고추를 넣어 칼칼함을 더했더니 꼭꼭 씹을수록 바다의 감칠맛이 입안 가득 퍼져요.

쫄깃한 식감이 참 좋아요
꽈리오징어조림

Ingredient 4인분

오징어 1마리, 꽈리고추 10개, 마늘 6쪽, 식용유 2½큰술, 참기름 1큰술, 통깨 약간
양념장 간장 2½큰술, 물엿 3큰술, 다진 마늘 ½큰술

Recipe

1 오징어는 내장을 아래로 뺀 뒤 끓는 물에 살짝 데쳐 몸통은 링 모양으로 자르고, 다리는 5cm 길이로 썬다.

2 꽈리고추는 깨끗이 씻어 반으로 자르고, 마늘은 편으로 썬다.

3 분량의 재료를 골고루 섞어 양념장을 만든다.

4 달군 팬에 식용유를 두르고 오징어와 꽈리고추, 통마늘, 양념장을 넣고 센 불에서 볶는다.

5 오징어에서 윤기가 나면 불을 끄고 참기름과 통깨를 넣어 고루 섞는다.

밑반찬 인기 메뉴 부동의 넘버원
메추리알조림

아이도, 어른도 가장 좋아하는 밑반찬이지만, 한 끗 차이로 질겨지거나 간이 배지 않아요. 조리는 시간이 성공의 지름길이랍니다.

Ingredient 4인분

메추리알 100개(4판)
식초 2큰술, 소금 약간

양념장
물 3컵, 간장 1/2컵, 미림 2큰술,
소주 1큰술, 물엿 3/4컵,
흑설탕 1½큰술

Recipe

1 물을 담은 냄비에 메추리알, 식초, 소금을 넣고 끓기 시작하면 5분간 더 삶은 뒤 껍질을 벗긴다.

2 냄비에 삶은 메추리알과 분량의 재료로 만든 양념장을 넣고 센 불에서 끓인다.

3 양념장이 바글바글 끓어오르면 12~13분 뒤 약한 불로 줄이고, 간이 배도록 7분간 더 조린다.

완벽한 한 접시
콥샐러드

영양이 가득한 채소를 접시에 야무지게 담아보세요. 입안에서 싱싱하고 건강한 맛의 향연이 펼쳐질 거예요.

 4인분

베이컨 5장(150g), 아보카도 1/2개,
삶은 달걀 2개, 방울토마토 6개,
오이 1개, 빨강·노랑 파프리카 1/2개씩,
로메인 7장(50g),
블랙 올리브 슬라이스·식용유 약간씩

렌치드레싱
다진 양파 1½큰술, 파슬리가루 1/4큰술,
마요네즈 4큰술,
플레인요거트 1개(85g), 꿀 1/2큰술,
레몬즙 3큰술, 소금 약간

Recipe

1 베이컨은 1.5cm 폭으로 자른 뒤 식용유를 두른 팬에 넣고 진한 갈색빛이 날 때까지 볶는다.

2 아보카도는 반 갈라 0.5cm 두께로 썰고, 삶은 달걀과 나머지 채소는 사방 1cm 크기로 자른다.

3 접시에 손질한 채소와 베이컨, 블랙 올리브 슬라이스를 담고 렌치드레싱을 만들어 곁들인다.

반찬으로도 좋지만, 모닝빵 사이에 발라주면 아이 간식으로도 아주 훌륭해요.
아이가 눈치채지 못하게 포근포근한 감자와 함께 다양한 채소를 먹일 수도 있지요.

아이 간식으로도 그만인
감자샐러드

Ingredient 4인분

감자 4개
삶은 달걀흰자 3개
맛살 4줄
오이 1/2개
당근 1/3개
양파 1/4개
통조림 옥수수 1/2컵
마요네즈 1컵
설탕 1/4큰술

Recipe

> 햇감자는 끓는 물에 넣어 익히고, 저장 감자는 처음부터 찬물에 넣고 끓여요.

1 감자는 껍질을 벗기고 끓는 물에 넣어 삶은 뒤 듬성듬성 잘라 볼에 담는다.

2 식기 전에 삶은 감자를 곱게 으깬다.

> 설탕은 단맛을 내는 게 아니라 모든 재료가 잘 어우러지게 도와주는 역할을 해요.

3 오이는 반 갈라 씨를 제거한 뒤 잘게 다진다. 삶은 달걀흰자, 맛살, 당근, 양파도 잘게 다진다.

4 으깬 감자에 다진 채소와 통조림 옥수수, 마요네즈, 설탕을 넣고 고루 섞는다.

아이부터 어른까지 모두의 사랑을 받는 국민대표 간식, 떡볶이를 달짝지근하게 만들었어요.
쫀득한 떡볶이 떡에 소고기, 버섯, 갖은 채소까지 더해 모두 함께 즐기는 별미가 완성됐지요.

아이, 어른 모두의 워너비 간식
궁중떡볶이

Ingredient 4인분

쌀떡볶이 떡 1봉지(300g), 소고기 100g(우둔살), 표고버섯 2개, 빨강·노랑 파프리카 1/2개씩, 청피망 1/4개, 양파 1/2개, 식용유·통깨 약간씩
쌀떡볶이 떡 밑간 간장 3큰술, 참기름 3큰술
양념장 간장 1큰술, 다진 파 2/3큰술, 다진 마늘 1/3큰술, 설탕 1/2큰술, 참기름·후춧가루 약간씩

Recipe

1 쌀떡볶이 떡은 끓는 물에 살짝 데친 뒤 간장과 참기름을 넣고 버무려 15분간 재운다.

2 소고기와 표고버섯은 채 썬 뒤 볼에 담고 분량의 재료로 만든 양념장을 넣어 고루 버무린다.

3 빨강·노랑 파프리카, 청피망, 양파는 얇게 채 썬다.

4 달군 팬에 식용유를 두르고 양념한 소고기와 표고버섯을 넣어 볶다가 소고기가 익으면 빨강·노랑 파프리카, 청피망, 양파를 넣고 센 불에서 볶는다.

5 재운 쌀떡볶이 떡을 넣어 고루 볶다가 떡에 양념이 고루 배어들면 불을 끄고 통깨를 뿌린다.

소고기와 찰떡궁합인 표고버섯과 오이를 듬뿍 넣은 일품요리예요. 오이의 꼬들꼬들한 식감과 향이 아주 좋아요.
버섯과 소고기를 같이 잡아 한입에 먹으면 속이 든든하고 기운이 절로 난답니다.

식감과 풍미가 한가득
표고오이갑장과

Ingredient 4인분

소고기 50g(우둔살), 표고버섯 7개, 오이 1/2개, 빨강·노랑 파프리카 1/4개씩, 청피망 1/4개, 양파 1/2개, 소금 약간
밑간 간장 1/2큰술, 다진 파·다진 마늘 1/3큰술씩, 설탕 1/4큰술
양념장 물엿 1큰술, 다진 마늘 1/2큰술, 꽃소금 1/3큰술, 참기름 1½큰술, 통깨 1큰술

Recipe

1 표고버섯은 밑동을 잘라내고 채 썬 뒤 끓는 물에 넣어 30초간 데쳤다가 찬물에 헹궈 물기를 꼭 짠다.

2 소고기는 키친타월에 올려 핏물을 뺀 뒤 채 썰고, 분량의 밑간 재료로 조물조물 무친다.

3 오이는 길게 반 갈라 씨를 빼고 어슷 썬다. 소금을 뿌려 5분간 절인 뒤 꼭 짜서 물기를 뺀다.

4 빨강·노랑 파프리카, 청피망, 양파는 얇게 채 썬다.

5 달군 팬에 표고버섯과 양념한 소고기를 넣고 젓가락으로 풀어가며 달달 볶는다.

6 소고기가 2/3 정도 익으면 분량의 재료로 만든 양념장을 넣고 센 불에서 재빨리 볶은 뒤 오이, 빨강·노랑 파프리카, 청피망, 양파를 넣고 볶는다.

소고기꽈리고추장조림
매콤주꾸미채소볶음
고구마카레
매콤돼지갈비
총알버섯장조림
김치갈비찜
매콤제육볶음
단호박샐러드
코다리간장조림
빨간두부조림
보리새우볶음
매콤뱅어볶음
견과류볶음
고구마맛탕
오징어볶음
홍합볶음
매콤닭볶음탕
수제짜장
파래김무침
단호박조림
마늘대하장조림
오징어장조림
돼지고기곤약조림
북어찜
꽈리고추찜
새송이산적구이
돼지고기앞다리살고추장구이
참외장아찌
매실장아찌
양파김치

STORE
3

분당
리쿡54

반찬 달인의 손맛이 가득한
명품 수제 반찬

STORE × 분당 리쿡54

위치 경기도 성남시 중원구 여수동 547번지 1층
문의 070-8883-9000
영업시간 오전 9시 ~ 오후 6시(일요일 휴무)
홈페이지 www.leecook54.com

아이를 키우는 젊은 엄마들이 살기 좋은 곳으로 단연 첫손에 꼽는 분당에서 뜨거운 인기를 얻고 있는 수제 반찬 전문점. 가족에게 건강에 좋은 것만 먹이는 분당 엄마들이 즐겨 찾는 이곳은 바로 재래 방식으로 반찬을 만드는 '리쿡54'다. KBS 〈VJ 특공대〉, KBS 〈생생정보통〉, SBS 〈모닝와이드〉 등 TV에 출연한 반찬의 달인 이영순 대표가 운영하는 반찬가게로, 가락시장에서 10년 넘게 채소를 다루던 노하우와 8년 동안 어린이복지재단 한사랑 마을에서 아이들의 식사를 책임졌던 정성을 그대로 담아 반찬을 판매한다. 이곳의 가장 큰 특징은 화학조미료를 일절 사용하지 않는 것. 대신 이영순 대표의 고향인 전북 고창에서 친척들이 직접 재배한 고춧가루와 매실 등을 공수해 건강한 맛을 낸다. 뿐만 아니라 고추장, 된장, 매실액 등 기본 양념은 반드시 직접 담가 사용한다. 특히 수제 양념으로 오랜 시간 공들여 만든 장아찌류는 단골들이 꼽는 최고의 반찬 중 하나. 수제 고추장으로 맛을 낸 매콤주꾸미채소볶음, 매콤돼지갈비, 매콤제육볶음, 오징어볶음, 홍합볶음 등도 만족도가 높은 인기 반찬들이다. 비록 세련되지는 않지만, 최상의 식재료와 직접 만든 천연조미료로 건강을 중요시하는 요즘 젊은 엄마들의 마음을 훔치고 있다. 믿을 수 있는 반찬, 엄마의 손맛이 그대로 느껴지는 반찬을 원한다면 자신 있게 추천하는 곳이다.

BEST 1

도시락 반찬계의 전설! 도시락 하면 가장 먼저 생각나는 반찬이지요.
잘게 찢은 소고기와 꽈리고추를 달콤한 소스로 자작하게 조리면 식욕이 무한 자극된답니다.

일주일 밥상 걱정 없어요
소고기꽈리고추장조림

Ingredient 4인분

소고기 200g(홍두깨살), 메추리알 10개, 꽈리고추 20개, 대파 2대, 통마늘 5쪽, 소금 약간
양념장 간장 1/2컵, 물 2컵, 물엿 2큰술, 설탕 2큰술

Recipe

1 소고기는 찬물에 20분간 담가 핏물을 뺀 뒤 끓는 물에 넣어 10분 정도 데친다.

2 소고기를 건져 10분간 식힌 뒤 결대로 찢는다.

3 꽈리고추는 깨끗이 씻어 꼭지를 떼고, 대파는 5cm 길이로 자른다.

센 불에서 2분간 끓인 뒤 기포가 올라오면 그때부터 한쪽 방향으로 저어주면서 8분간 끓여요.

4 물을 넉넉히 부은 냄비에 메추리알과 소금을 넣고 10분간 삶은 뒤 껍질을 벗긴다.

5 냄비에 소고기와 꽈리고추, 대파, 통마늘, 분량의 재료로 만든 양념장을 넣고 센 불에서 끓인다. 양념장이 끓어오르면 약한 불로 줄여 3분간 끓인다.

6 메추리알을 넣고 간이 고루 배도록 뒤적여가며 2분간 조린다.

BEST 2

청양고추와 태양초 고춧가루로 매콤한 맛을 낸 주꾸미는 쫄깃하고 야들야들하게 씹히는 게 술안주로도 그만이죠.
제철 맞은 큼지막한 주꾸미, 절대 놓치지 마세요.

기운 북돋는 별미 요리
매콤주꾸미채소볶음

Ingredient 4인분

주꾸미 6마리(400g), 당근 1/3개, 양파 1개, 청양고추 2개, 홍고추 1개, 대파 1대, 참기름·통깨 1/2큰술씩, 식용유 약간
양념장 태양초 고춧가루 4큰술, 고추장 3큰술, 간장 2큰술, 매실액 2큰술, 물엿 1큰술, 다진 마늘 1큰술, 다진 생강 1/2큰술, 설탕 1큰술, 후춧가루 약간

Recipe

1 주꾸미는 깨끗이 씻어 머리와 다리를 분리하고 내장을 잘라낸 뒤 다리는 3등분한다.

2 당근와 양파는 채 썰고 청양고추, 홍고추, 대파는 어슷 썬다.

3 분량의 재료를 골고루 섞어 양념장을 만든다.

4 달군 팬에 식용유를 두르고 당근과 양파를 넣어 중간 불에서 1분간 볶는다.

5 센 불로 올려 주꾸미와 양념장을 넣고 살짝 볶은 뒤 청양고추, 홍고추, 대파를 넣고 1분간 볶다가 참기름과 통깨를 넣는다.

> 주꾸미는 살짝만 익혀서 먹는 게 부드러워요.

BEST 3

감자 대신 고구마를 넣어 두 배 달달해졌어요.
돼지고기와 다양한 채소를 듬뿍 넣어 휘리릭 만들면 향긋한 냄새에 군침이 꿀꺽 넘어갈 거에요.

카레가 너무나 달콤해
고구마카레

Ingredient 4인분

돼지고기 400g
고구마 4개(800g)
당근 1/2개
애호박 1개
양파 1개
카레가루 10큰술
물 3컵
식용유 약간

Recipe

1 돼지고기, 고구마, 당근, 애호박, 양파는 사방 2cm 크기로 자른다.

2 카레가루는 미지근한 물에 잘 개어놓는다.

3 식용유를 두른 팬에 돼지고기, 당근, 양파를 넣고 양파의 가장자리가 반투명해질 때까지 달달 볶는다.

4 갠 카레가루를 넣어 고루 섞고 고구마를 넣어 한 번 부르르 끓인 뒤 애호박을 넣고 익을 때까지 뭉근하게 끓인다.

BEST 4

빨갛게 양념한 돼지갈비는 보기만 해도 식욕이 마구마구 돋아요.
더 놀라운 건 한입 베어 물면 매운맛, 단맛, 고소한 맛이 기가 막히게 섞여 있다는 거지요.

먹어도 먹어도 물리지 않는
매콤돼지갈비

Ingredient 4인분

돼지갈비 500g, 사과 1/2개, 당근 1/2개, 양파 1/3개, 대파 1/2대
양념장 청양고추 3개, 고춧가루 3큰술, 고추장 2큰술, 간장 4큰술, 매실액 2큰술, 다진 파·다진 마늘 2큰술씩, 설탕 1큰술, 후춧가루 약간

Recipe

1 돼지갈비는 군데군데 칼집을 넣고 찬물에 2시간 정도 담가 핏물을 뺀다.

2 사과, 당근, 양파는 사방 2cm 크기로 깍둑썰기하고, 대파는 5cm 길이로 자른다.

3 냄비에 돼지갈비를 넣고 푹 잠길 정도의 물을 부어 10~15분간 삶은 뒤 체에 밭쳐 물기를 뺀다.

4 청양고추를 잘게 다져 나머지 분량의 재료와 섞어 양념장을 만든 뒤 데친 돼지갈비에 넣고 버무려 1시간 정도 재운다.

5 냄비에 재운 돼지갈비와 사과, 당근, 양파를 넣고 푹 끓인다. 양념이 돼지갈비에 잘 배어들면 대파를 넣고 1분간 더 익힌다.

작아서 더 맛있는
총알버섯장조림

모양새가 총알같이 생겨 '총알버섯'이라고 불리는 미니 새송이버섯으로 장조림을 만들었어요. 예쁘고 귀여운 모양만큼이나 쫀득쫀득 맛이 좋아요.

Ingredient 4인분

미니 새송이버섯 4줌(100g), 참기름 1큰술, 통깨 약간

양념장
간장 4큰술, 물 2컵, 물엿 1큰술, 다진 마늘 2큰술

Recipe

1 미니 새송이버섯은 끓는 물에 살짝 데쳐 찬물에 헹군 뒤 체에 밭쳐 물기를 뺀다.

2 냄비에 미니 새송이버섯과 분량의 재료로 만든 양념장을 넣고 중간 불에서 조린다.

3 국물이 거의 없어지면 참기름과 통깨를 넣어 고루 섞어가며 살짝 더 조린다.

분당 리쿡54

더 이상의 감칠맛은 없다
김치갈비찜

묵은지로 칼칼한 맛을 낸 갈비찜이에요. 오로지 묵은지와 김칫국물로만 맛을 내 만들기도 쉽죠. 깊은 감칠맛의 끝판왕으로 불러도 손색없답니다.

Ingredient 4인분

돼지갈비 700g, 묵은지 1포기, 김칫국물 1/2컵, 매실액 2큰술, 다진 마늘 1큰술

Recipe

1 돼지갈비는 군데군데 칼집을 넣고 찬물에 2시간 정도 담가 핏물을 뺀다.

2 묵은지는 양념을 털어내고 3등분한다.

돼지갈비에 양념이 배어들어 빨갛게 될 때까지 끓여야 해요.

3 냄비에 돼지갈비, 묵은지, 김칫국물, 매실액, 다진 마늘을 넣고 푹 끓인다.

BEST 7

비장의 수제고추장으로 맛을 내 만들어놓기만 하면 불티나게 팔리는 반찬이에요.
맛있게 매워 자꾸 먹게 되지요. 야무지게 쌈을 싸서 입 한가득 넣어보세요.

쌈 안 싸먹고는 못 배기는
매콤제육볶음

Ingredient 4인분

돼지고기 600g
당근 1/2개
양파 1개
청양고추 3개
식용유 약간

양념장
고춧가루 2큰술
고추장 2큰술
간장 4큰술
매실액 2큰술
다진 마늘 1큰술

Recipe

1 돼지고기는 먹기 좋게 한입 크기로 썬다.

2 당근과 양파는 채 썰고, 청양고추는 어슷 썬다.

3 볼에 돼지고기와 분량의 재료로 만든 양념장을 넣어 고루 버무린 뒤 30분간 재운다.

4 달군 팬에 식용유를 두르고 재운 돼지고기와 당근, 양파, 청양고추를 넣어 중간 불에서 돼지고기가 익을 때까지 볶는다.

BEST 8

노오란 속살을 머금은 단호박은 든든해서 식사로 먹기 좋고, 달콤해서 후식으로도 좋아요.
견과류까지 더하면 영양 만점이라 아이 간식으로도 최고랍니다.

입에서 살살 녹는 매력
단호박샐러드

Ingredient 4인분

단호박 1/2개(500g)
아몬드 슬라이스 · 건포도 약간씩
마요네즈 2큰술
설탕 1/2큰술

Recipe

1 단호박은 필러로 껍질을 벗기고 깨끗이 씻어 반을 가른 뒤 씨를 제거한다.

전자레인지에 넣을 때는 7분 정도 익혀요.

2 김 오른 찜기에 단호박을 넣고 15분간 찐 뒤 듬성듬성 자른다.

3 볼에 찐 단호박을 담고 으깬다.

4 마요네즈와 설탕을 넣어 고루 섞은 뒤 아몬드 슬라이스와 건포도를 올린다.

BEST 9

매실액과 양파로 맛을 낸 달달한 코다리조림이에요.
쫀득쫀득 씹는 질감이 좋아 상에 올리면 어른은 물론 아이도 줄기차게 달려드는 반찬이랍니다.

분당 리쿡54

맛도 영양도 쫀쫀하구나!
코다리간장조림

Ingredient 4인분

코다리 2마리, 양파 1/4개, 청양고추·홍고추 1개씩, 대파 1대, 고춧가루 3큰술, 식용유 약간
양념장 간장 2큰술, 매실액 1큰술, 물엿 1큰술, 다진 마늘 1½큰술

Recipe

1 코다리는 꼬리와 지느러미를 잘라내고 깨끗이 씻어 3~4등분 한다.

2 양파는 채 썰고 청양고추, 홍고추, 대파는 어슷 썬다.

3 분량의 재료를 골고루 섞어 양념장을 만든다.

4 식용유를 두른 팬에 양파를 넣어 볶다가 양념장을 넣고 3분간 볶은 뒤 코다리와 고춧가루를 넣는다.

5 약한 불로 줄여 조리다 코다리가 익으면 청양고추, 홍고추, 대파를 넣고 한 번 더 팔팔 끓인다.

> 하루 전에 코다리를 사다가 약간 건조시킨 뒤 조리면 살이 부서지지 않고 더 쫄깃해요.

BEST 10

빨갛게 보여도 전혀 맵지 않아요. 두부를 노릇노릇하게 구워 사과와 매실액으로 만든 달콤한 양념에 조리면 아이도 맛있게 먹어요.

분당

속까지 양념이 쏙 밴
빨간두부조림

Ingredient 4인분

두부 1모(350g)
쪽파 3대
식용유 약간

양념장
사과 1개
양파 1개
고춧가루 1큰술
간장 2큰술
매실액 1큰술
물엿 2큰술
다진 마늘 1큰술

Recipe

1 두부는 반 갈라 1cm 두께로 자르고, 쪽파는 송송 썬다.

2 사과와 양파는 믹서에 넣어 곱게 간 뒤 나머지 재료와 섞어 양념장을 만든다. 달군 팬에 양념장을 넣고 2분간 끓인 뒤 덜어 둔다.

3 달군 팬에 식용유를 두르고 두부를 올려 앞뒤로 노릇하게 굽는다.

4 두부 위에 양념장을 고루 얹고 두부에 양념이 밸 때까지 중간 불에서 조린다. 마지막에 쪽파를 올린다.

윤기가 차르르
보리새우볶음

보리새우의 감칠맛과 짭짤한 맛을 그대로 살리는 것이 포인트예요. 주황색이 선명한 보리새우를 골라 바삭하게 볶아보세요.

Ingredient 4인분

보리새우 4컵(200g)

양념장
매실액 1큰술, 물엿 2큰술, 소금 1/2큰술

Recipe

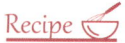

> 보리새우는 식용유를 두르지 않은 마른 팬에 볶아야 비린내가 나지 않고 식감이 바삭해져요.

1 분량의 재료를 골고루 섞어 양념장을 만든다.

2 보리새우는 마른 팬에 넣어 살짝 볶는다.

3 양념장을 넣고 고루 섞어가며 바삭하게 볶는다.

너무 쉬운 밑반찬
매콤뱅어볶음

뱅어포는 멸치나 새우보다 칼슘 함량이 많아요. 매콤하고 바삭하게 볶아놓으면 온 가족의 칼슘 보충제 역할을 톡톡히 할 거에요.

Ingredient 4인분

뱅어포 200g, 식용유·통깨 약간씩

양념장
고춧가루 1/2큰술, 고추장 1큰술, 물엿 1큰술, 매실액 1큰술

Recipe

1 분량의 재료로 양념장을 만든 뒤 팬에 넣어 한 번 끓였다가 덜어둔다.

2 뱅어포에 양념장을 고루 바른 뒤 식용유를 두른 팬에 넣고 중간 불에서 바삭하게 굽는다.

3 먹기 좋은 크기로 자른 뒤 통깨를 뿌린다.

두뇌 회전을 위한 에너지 반찬
견과류볶음

머리가 좋아지는 다양한 견과류를 그득 넣은 볶음이에요. 5분이면 뚝딱 만들 수 있는 초간단 요리죠. 오늘, 아이를 위해 한 번 만들어볼까요?

Ingredient 4인분

땅콩·아몬드·캐슈너트 1줌씩(50g), 호두·호박씨·건포도 1/3컵씩(30g), 참기름 약간

양념장
간장 2큰술, 물엿 2큰술, 다진 마늘 1큰술

Recipe

1 분량의 재료로 만든 양념장을 팬에 넣고 센 불에서 끓인다.

2 양념장이 끓어오르면 땅콩, 아몬드, 캐슈너트, 호두, 호박씨를 넣고 볶는다.

3 바삭하게 고루 볶아지면 불을 끄고 건포도를 넣어 버무린 뒤 참기름을 두른다.

몰캉몰캉 부드러운
고구마맛탕

쪄 먹고 구워 먹고, 그래도 남는 고구마가 있다면 이번엔 튀겨볼까요? 속은 촉촉하고 겉은 바삭하게 튀겨 물엿 코팅을 입히면 입안에서 사르르 녹는답니다.

Ingredient 4인분

고구마 2개(800g), 식용유 5컵, 검은깨 약간

소스
간장 1큰술, 물엿 4큰술,
다진 마늘 1큰술, 식용유 2큰술,
설탕 약간

Recipe

1 고구마는 껍질을 벗겨 사방 5cm 크기로 썬다.

2 180도로 예열한 식용유에 고구마를 넣어 노릇하게 튀긴 뒤 키친타월에 밭쳐 기름기를 뺀다.

3 소스를 만들어 팬에 넣고 살짝 끓인다. 고구마를 넣어 고루 버무린 뒤 검은깨를 뿌린다.

야들야들 쫄깃한 오징어에 매콤달콤한 양념이 쏙 배어든 맛깔나는 일품요리예요.
반찬 없을 때 만들어 먹으면 딱 좋지요. 오늘은 덮밥으로도 즐겨보세요.

밥에 쓱쓱 비벼 먹으면 환상
오징어볶음

Ingredient 4인분

오징어 2마리, 당근 1/2개, 양파 1개, 청양고추 1개, 대파 1대, 식용유·통깨 약간씩
양념장 고춧가루 2큰술, 고추장 2큰술, 매실액 3큰술, 다진 마늘 1/2큰술

Recipe

1 오징어는 몸통과 다리를 분리한 뒤 끓는 물에 살짝 데쳐 몸통은 반 갈라 먹기 좋은 크기로 썰고, 다리는 5cm 길이로 썬다.

2 당근과 양파는 채 썰고 청양고추와 대파는 어슷 썬다.

3 분량의 재료를 골고루 섞어 양념장을 만든다.

4 달군 팬에 식용유를 두르고 당근과 양파를 넣어 1분간 볶다가 오징어와 양념장을 넣고 중간불에서 볶는다.

덮밥으로 먹으려면 중약불에서 볶아요. 국물이 자작해야 밥에 비벼 먹기 좋아요.

5 오징어가 익으면 청양고추와 대파를 넣어 살짝 볶은 뒤 통깨를 뿌린다.

주홍빛 살이 통통하게 오른 홍합을 화끈하게 볶았어요. 청양고추에 칼칼한 양념장까지 더하니 반찬은 물론 술안주로도 완벽해요. 한번 맛보면 비 오는 날 절로 생각날 거예요.

매콤한 맛에 반했어요
홍합볶음

Ingredient 4인분

홍합 500g, 청양고추 2개, 대파 2대, 마늘 5쪽, 식용유 약간
양념장 고춧가루 2큰술, 굴소스 2큰술, 다진 마늘 1큰술

Recipe

1 홍합은 냄비에 넣고 뜨거운 김이 날 때까지 삶는다.

2 홍합이 식으면 수염을 제거한 뒤 껍데기와 홍합살을 분리한다.

3 청양고추와 대파는 어슷 썰고, 마늘은 얇게 편으로 썬다.

4 분량의 재료를 골고루 섞어 양념장을 만든다.

5 팬에 식용유를 두르고 마늘을 넣어 볶다가 홍합살과 양념장을 넣고 센 불에서 2분간 볶는다. 청양고추와 대파를 넣고 1분간 볶는다.

주말 저녁 반찬으로 인기가 많아요. 고추장 없이 오직 태양초 고춧가루로만 깔끔한 맛을 냈어요.
보글보글 끓여낸 빨간 국물 속의 야들야들한 닭고기 뜯는 재미가 쏠쏠하답니다.

매콤닭볶음탕

최강 저녁 메뉴

Ingredient 4인분

닭 1마리(볶음탕용), 감자 2개, 양파 2개, 청양고추 3개, 대파 1대
양념장 태양초 고춧가루 3큰술, 간장 2큰술, 매실액 2큰술, 다진 마늘 3큰술

Recipe

1 닭고기는 가볍게 씻어 물기를 제거한 뒤 먹기 좋은 크기로 썬다.

2 감자와 양파는 사방 5cm 크기로 큼직하게 썰고, 청양고추는 어슷 썬다. 대파는 5cm 길이로 자른다.

3 분량의 재료를 골고루 섞어 양념장을 만든다.

4 닭고기에 감자, 양파, 청양고추, 양념장을 넣고 고루 버무린 뒤 30분간 재운다.

5 깊은 팬에 재운 닭고기와 채소를 넣고 중간 불에서 끓인다. 감자가 거의 익으면 대파를 넣고 1분간 끓인다.

볶음탕용으로 토막 낸 닭을 구입하면 편해요.

● 진한 춘장의 냄새만 맡아도 자동으로 침샘이 폭발할 거예요.
라면이나 소면에 넣어도, 밥에 얹어 먹어도 언제나 맛은 보장된답니다.

분당 리쿡54

중국집보다 더 맛있는
수제짜장

Ingredient 4인분

돼지고기 다짐육 100g
애호박 1개
당근 1/2개
양파 2개
볶음 춘장 2큰술
전분물 1/2큰술
매실액 2큰술
다진 마늘 1/2큰술
식용유 약간

* 전분물 만들기
물과 감자전분을 1:1로 섞어서 만든다.

Recipe

1 애호박, 당근, 양파는 사방 1.5cm 크기로 썬다.

2 식용유를 두른 팬에 돼지고기 다짐육과 다진 마늘을 넣어 볶다가 돼지고기가 반쯤 익으면 당근과 양파를 넣고 볶는다.

3 양파의 가장자리가 반투명해지면 볶음 춘장을 넣어 볶다가 애호박과 매실액을 넣고 끓인다.

4 전분물을 넣고 저으면서 걸쭉한 농도가 되도록 끓인다.

바다의 향기가 물씬
파래김무침

미네랄과 칼슘 덩어리인 파래김에 매실액을 넣어 새콤하게 무치면 완성. 한입만 먹어도 바다의 향이 그대로 느껴져요.

Ingredient 4인분

파래김 200g,
홍피망 1/2개,
당근 1/2개, 양파 1/2개,
쪽파 1/2대, 참기름 · 통깨 약간씩

양념장
고춧가루 1/2큰술, 간장 1/2큰술,
매실액 1큰술, 물엿 1큰술

Recipe

1 파래김은 손으로 잘게 찢는다.

2 빨강 피망, 당근, 양파는 채 썰고 쪽파는 송송 썬다.

3 볼에 파래김, 손질한 채소, 분량의 재료로 만든 양념장을 넣고 무친 뒤 참기름과 통깨를 넣는다.

이게 바로 건강한 단맛
단호박조림

단호박의 진한 단맛을 제대로 맛볼 수 있어요. 특히 식감이 너무 부드러워 깜짝 놀랄 거예요. 호두까지 넣으면 영양도 챙길 수 있지요.

Ingredient 4인분

단호박 1/4개(250g),
간장 2큰술, 물엿 2큰술,
다진 마늘 1/2큰술,
식용유 약간

Recipe

1 단호박은 껍질째 깨끗이 씻어 반 가른 뒤 씨를 제거하고, 사방 5cm 크기로 자른다.

2 식용유를 두른 팬에 단호박, 간장, 물엿, 다진 마늘을 넣고 볶는다.

3 단호박이 살짝 익으면 뚜껑을 닫고 중간 불에서 2~3분간 조린다.

껍질까지 통째로 즐기는
마늘대하장조림

제철 맞은 오동통한 대하로 조림을 만들어보세요. 통마늘의 향과 짭조름한 간장의 맛이 어우러져 별미 중의 별미랍니다.

Ingredient 2인분

대하 12마리, 통마늘 10쪽, 식용유 약간

양념장
간장 1큰술, 물엿 1큰술, 매실액 1큰술

Recipe

1 대하는 머리를 제거하고 깨끗이 씻은 뒤 물기를 없앤다.

2 식용유를 두른 팬에 통마늘을 넣고 약한 불에서 볶아 향을 낸 뒤 양념장을 넣고 끓인다.

3 양념장이 끓어오르면 대하를 넣고 고루 버무린 뒤 대하가 익을 때까지 조린다.

이보다 더 쫀득할 순 없어요
오징어장조림

꼭꼭 씹을수록 바다의 감칠맛이 입안 가득 퍼지는 오징어장조림이에요. 식을수록 더 맛있어 두고 두고 먹기 참 좋아요.

Ingredient 4인분

오징어 2마리, 청양고추 2개, 홍고추 1개, 참기름 1큰술

양념장
간장 2큰술, 매실액 1큰술, 물엿 1큰술, 다진 마늘 1큰술

Recipe

1 오징어는 끓는 물에 살짝 데쳐 5cm 길이로 자른다. 청양고추와 홍고추는 어슷 썬다.

2 팬에 분량의 재료로 만든 양념장을 넣고 살짝 끓인 뒤 오징어를 넣는다.

3 오징어가 반 정도 익으면 청양고추와 홍고추를 넣고 2분간 조린 뒤 불을 끄고 참기름을 넣는다.

대표적인 다이어트 식품인 곤약을 듬뿍 넣은 조림이에요. 저칼로리인데 맛도 있어 더욱 반가운 반찬이지요. 보들보들한 돼지고기와 쫄깃한 곤약이 만나 씹는 맛이 풍성하답니다.

분당 리쿡54

쫄깃쫄깃, 꼬들꼬들 식감이 돋보이는
돼지고기곤약조림

Ingredient 4인분

돼지고기 400g(안심), 곤약 1모(500g), 홍고추 1개, 인스턴트 커피가루 2큰술, 참기름 약간
양념장 간장 2큰술, 매실액 1큰술, 다진 마늘 1큰술

Recipe

1 돼지고기는 끓는 물에 인스턴트 커피가루와 함께 넣어 통째로 삶은 뒤 건진다.

2 돼지고기가 식으면 결대로 잘게 찢는다. 홍고추는 어슷 썬다.

3 곤약은 3cm 길이로 자른다.

4 달군 팬에 분량의 재료로 만든 양념장을 넣고 끓이다가 돼지고기와 곤약을 넣고 중간 불에서 끓인다.

5 양념장이 자작하게 졸아들면 홍고추를 넣고 한 번 더 조린 뒤 참기름을 넣는다.

북어찜은 촉촉하게 만드는 것이 포인트죠.
물에 불렸다가 매콤달콤한 양념을 고루 발라 구우면 친정엄마가 별미로 해주던 바로 그 맛을 맛볼 수 있답니다.

분당 리쿡54

매콤하면서 담백한
북어찜

Ingredient 4인분

북어 1마리(70g), 다진 쪽파 3큰술, 참기름 · 식용유 약간씩
양념장 사과 1/2개, 고춧가루 1/2큰술, 간장 1/2큰술, 매실액 2큰술, 물엿 1큰술, 다진 마늘 1/2큰술, 다진 생강 1/3큰술

Recipe

1 북어는 물에 담가 불린 뒤 키친 타월로 물기를 꼭 짠다.

2 머리와 꼬리, 지느러미를 떼어 낸다.

3 사과는 듬성듬성 자른 뒤 나머지 분량의 재료와 함께 믹서에 넣고 곱게 갈아 양념장을 만든다.

4 북어에 양념장을 골고루 바른 뒤 식용유를 두른 팬에 올려 약한 불에서 앞뒤로 뒤집어가며 굽는다.

5 북어가 익으면 다진 쪽파와 참기름을 넣는다.

'맛있게 맵다'는 말이 어울리는 반찬이에요.
밀가루를 묻혀 살짝 찌면 말랑말랑 씹히는 꽈리고추에서 매콤한 맛이 은은하게 전해져요.

계속되는 중독의 맛
꽈리고추찜

Ingredient 2인분

꽈리고추 2줌(50g), 밀가루 2큰술
양념장 쪽파 1대, 고춧가루 1/2큰술, 간장 1큰술, 다진 마늘 1/2큰술, 참기름 1큰술, 통깨 약간

Recipe

1 꽈리고추는 꼭지를 떼고 깨끗이 씻은 뒤 물기를 뺀다. 크기가 큰 것은 반으로 자른다.

2 꽈리고추에 밀가루를 뿌려 골고루 묻힌다.

3 쪽파는 송송 썬 뒤 나머지 분량의 재료와 골고루 섞어 양념장을 만든다.

4 김 오른 찜기에 꽈리고추를 넓게 펼쳐 담고 10분간 찐다.

5 찐 꽈리고추를 꺼내 한 김 식힌 뒤 볼에 담고 양념장을 넣어 조물조물 무친다.

건강한 식탁의 주인공
새송이산적구이

쫄깃쫄깃한 식감이 매력적인 새송이버섯을 노릇하게 구워보세요. 가열하면 특유의 향이 진하게 우러나와 버섯 자체의 풍미를 즐길 수 있어요.

Ingredient 4인분

새송이버섯 4개, 참기름 1큰술, 천일염·식용유 약간씩

Recipe

1 새송이버섯은 0.5cm 두께로 모양을 살려 썬다.

2 식용유를 두른 팬에 새송이버섯을 넣고 천일염을 약간 뿌린 뒤 앞뒤로 노릇하게 굽는다.

3 꼬치로 예쁘게 꽂은 뒤 참기름을 살짝 두른다.

분당 리쿡54

뚝딱 만들어도 한 상 푸짐한
돼지고기앞다리살고추장구이

온 가족이 모였는데 마땅한 반찬이 없을 때 제격인 메뉴예요. 지방이 적당한 돼지고기 앞다리살을 매콤하게 볶으면 주말 별미로 손색없지요.

Ingredient 4인분

돼지고기 앞다리살 600g,
당근 1/2개, 양파 1개, 청양고추 5개,
대파 1/2대, 식용유 약간

양념장
고추장 1큰술, 간장 1큰술,
매실액 2큰술, 다진 마늘 1큰술

Recipe

1 돼지고기는 한입 크기로 썰고, 당근과 양파는 채 썬다. 청양고추와 대파는 어슷 썬다.

2 분량의 재료로 만든 양념장에 돼지고기, 당근, 양파, 청양고추를 넣고 버무린 뒤 30분간 재운다.

3 식용유를 두른 팬에 재운 돼지고기와 채소를 넣어 센 불에서 볶다가 마지막에 대파를 넣는다.

▬ 사각사각 소리까지 맛있는 장아찌예요. 소금의 짭짤한 맛과 참외의 달콤한 맛이 의외로 잘 어우러져요.
달달한 참외를 1년 내내 즐기는 방법으로 약간 덜 익은 참외로 담가야 아삭하고 향이 좋답니다.

분당 리쿡54

참외의 맛있는 변신
참외장아찌

Ingredient 4인분

참외 5개
절임물 1 물 5컵, 소금 1컵
절임물 2 멸치 1줌(25g), 물 5컵, 소금 1컵
양념장 고춧가루 1큰술, 다진 마늘 1/2큰술, 설탕 1/2큰술, 참기름 1/2큰술, 통깨 약간

Recipe

1 참외는 껍질째 깨끗이 씻어 반 가른 뒤 속을 제거한다.

2 절임물 1을 만들어 팔팔 끓인 뒤 참외를 담은 밀폐용기에 붓는다. 실온에서 3일간 보관한 뒤 절임물을 따라낸다.

절임물을 2번 부으면 참외가 더욱 쫄깃해지고 감칠맛이 좋아져요.

3 절임물 2를 만들어 팔팔 끓인 뒤 멸치를 빼고 밀폐용기에 붓는다.

4 3일 뒤 참외를 꺼내 0.5cm 두께로 썬다.

5 볼에 참외와 분량의 재료로 만든 양념장을 넣고 조물조물 무친다.

새콤달콤한 매실장아찌는 요리 초보도 만들 수 있을 만큼 생각보다 쉬워요.
만들어놓고 1년 내내 꺼내 먹어도 질리지 않지요. 특히 삼겹살을 구워 먹는 날에 곁들이면 더욱 빛이 나는 반찬이랍니다.

분당 리쿡54

이렇게 쉬웠어?
매실장아찌

Ingredient 4인분

청매실 240g
황설탕 240g
통깨 약간

양념장
고추장 1컵
다진 마늘 1/2큰술
참기름 1/2큰술

Recipe

1 청매실은 꼭지를 떼어내고 깨끗이 씻은 뒤 물기를 뺀다. 매실을 돌려가며 칼집을 네 군데 낸 다음 주걱으로 눌러 씨를 뺀다.

> 매실장아찌를 처음 담그는 주부라면 천일염 1/2큰술을 넣어요. 실패할 확률이 떨어진답니다.

2 밀폐용기에 청매실과 황설탕을 1:1 비율로 켜켜이 담은 뒤 서늘한 곳에 15일 정도 둔다.

3 청매실과 매실액을 체에 밭쳐 따로 분리한 뒤 청매실을 2시간 정도 그늘에 말린다.

4 볼에 청매실과 분량의 재료로 만든 양념장을 넣고 조물조물 무친 뒤 통깨를 뿌린다.

배추김치가 지겨워졌을 때 별미 김치에 도전해보세요.
수분이 많고 달착지근한 햇양파로 김치를 담그면 아삭아삭하고 달콤해 상큼한 김치의 맛을 선물할 거예요.

상큼함이 살아있네~
양파김치

Ingredient 4인분

양파 4개
사과 1/2개
당근 1/2개
부추 1줌(50g)

김치 양념
고춧가루 2큰술
멸치액젓 3큰술
매실액 2큰술
다진 생강 1/2큰술

Recipe

1 양파는 껍질을 벗기고 깨끗이 씻은 뒤 뿌리 쪽을 1cm 정도 남겨둔 채 십자로 칼집을 낸다.

2 사과와 당근은 채 썰고, 부추는 5cm 길이로 자른다.

3 볼에 사과, 당근, 분량의 김치 양념을 넣어 고루 버무린 뒤 부추를 넣고 살짝 버무려 소를 만든다.

3일 정도 냉장 보관하면 맛이 들어 새콤해져요.

4 칼집 사이에 버무린 소를 채워 넣은 뒤 밀폐용기에 담아 실온에서 하루 정도 두었다가 냉장 보관한다.

루콜라페스토미트볼
데리야키닭다리구이
캐슈너트멸치볶음
진미채무침
서울식 불고기
알새우채소전
잣소스닭고기해물냉채
소고기버섯샐러드
깻잎찜
우렁강된장
갈치포무침
가지나물
솔부추무침
고구마줄기들깨나물
어묵볶음
소고기가지볶음
소고기죽순볶음
동그랑땡
꽃게범벅
마파두부
고등어김치조림
LA갈비구이
바싹불고기
돼지김치두루치기
모듬겨자채
코울슬로
총각무피클
갈릭머스터드 새우샐러드
타르타르 연근샐러드
호박고구마샐러드

STORE
4

옥수동
셰프찬

한식, 일식, 양식, 중식을 아우르는
퓨전 메뉴로 가득한
트렌디한 밥상

위치 서울시 성동구 매봉길 13 래미안옥수리버젠 상가 406, 407호
문의 02-2291-0618
영업시간 오전 10시 ~ 오후 9시(연중무휴)
인스타그램 @chef_chan_

STORE × 옥수동 쉐프찬

'뒷구정동(압구정동의 뒷동네)'이라 불리며 서울에서 가장 핫한 동네로 급부상 중인 옥수동의 대표 반찬가게. 25년 넘게 기업 투자 전문가로 활약한 김석헌 대표가 1년여의 공을 들여 오픈한 곳으로, 압구정동이나 청담동은 물론 한남동, 금호동 일대의 젊은 엄마들이 찾을 정도로 각광받고 있다. 15년 경력의 한식 전문 셰프가 저온 조리법, 궁중 요리법, 종갓집 조리법 등 다양한 건강식 조리법으로 '짜지 않고, 달지 않고, 맵지 않은' 건강한 반찬을 선보인다. 기본 반찬류부터 샐러드, 퓨전 일품요리, 도시락 그리고 유아식까지 셰프찬의 메뉴는 총 200여 가지. 그중 하루에 보통 90여 가지를 선보이고, 하루 1,000개 이상의 반찬이 불티나게 팔린다. 만든 지 최대 48시간이 지난 반찬은 버리는데, 이는 신선도를 최우선으로 여겨 건강하고 믿을 수 있는 국내산 재료만을 사용하며 인공조미료는 배제한다는 김 대표의 마음을 담은 것이다. 맛도 맛이지만, 이곳의 인기 비결은 모던 스타일의 깔끔한 인테리어와 한식, 일식, 양식, 중식을 아우르는 퓨전 메뉴다. 특히 일본식 치즈함박스테이크, 마파두부, 소고기가지볶음, 데리야키닭다리구이 등의 일품요리는 젊은 엄마들이 빼놓지 않고 구입하는 메뉴. 콩나물밥, 오므라이스, 유부초밥 등 밥 종류도 인기다.

BEST 1

토마토소스에 풍덩 빠진 미트볼이 향긋한 루콜라페스토와 만났어요.
고기로 속이 꽉 찼지만 전혀 느끼하지 않고 담백하답니다. 모양도 예뻐 손님 초대 요리로도 좋아요.

스웨덴 전통 음식에 도전
루콜라페스토미트볼

Ingredient 4인분

소고기 다짐육 200g, 양파 1개, 토마토소스 2컵(500g), 발사믹 크림 2큰술, 식용유 약간
반죽 달걀 1개, 파르메산치즈가루 1큰술, 건빵가루 3큰술, 감자전분 1큰술, 머스터드 1/2큰술, 케첩 1큰술, 다진 마늘 1/3큰술, 후춧가루 약간
루콜라페스토 루콜라 1줌(50g), 파슬리 1/2줌(20g), 캐슈너트 1/2줌(30g), 파르메산치즈가루 1큰술, 다진 마늘 1/2큰술, 올리브유 1/2컵, 소금·후춧가루 약간씩

Recipe

냉장 보관하면서 식빵에 얹어 먹어도 맛있어요.

1 루콜라와 파슬리는 잘게 썬 뒤 나머지 분량의 재료와 함께 믹서에 넣고 곱게 갈아 루콜라페스토를 만든다.

2 양파는 곱게 다져 식용유를 두른 팬에 넣고 노릇노릇해질 때까지 볶는다.

3 볶은 양파가 식으면 소고기 다짐육과 분량의 반죽 재료를 모두 넣고 치댄 뒤 먹기 좋은 크기로 동그랗게 빚는다.

4 200도로 예열한 오븐에 동그랗게 빚은 반죽을 넣고 12분간 익혀 미트볼을 만든다.

5 달군 팬에 토마토소스를 넣고 끓으면 미트볼을 넣어 5분간 조린다.

6 그 위에 루콜라페스토와 발사믹 크림을 얹는다.

마리네이드해서 구웠더니 풍미가 좋아지고 더욱 부드러워졌어요.
간식으로도 맥주 안주로도 손색없답니다. 야식 생각날 때 한번 도전해보세요.

옥수동 셰프찬

반찬으로도 간식으로도 영양 만점
데리야키닭다리구이

Ingredient 4인분

닭다리 8개
아몬드 슬라이스 약간
데리야키소스 3큰술

마리네이드
건바질가루 1/2큰술
파슬리가루 1/2큰술
다진 마늘 1/2큰술
올리브유 3큰술
꽃소금·후춧가루 약간씩

Recipe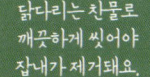

닭다리는 찬물로 깨끗하게 씻어야 잡내가 제거돼요.

1 닭다리는 깨끗이 씻은 뒤 뼈 쪽에 3~4군데씩 칼집을 깊게 넣는다.

2 분량의 재료를 골고루 섞어 마리네이드를 만든 뒤 닭다리에 고루 발라 30분간 재운다.

3 220도로 예열한 오븐에 마리네이드한 닭다리를 넣어 25분간 구운 뒤 꺼내 데리야키소스를 바른다.

4 다시 220도로 예열한 오븐에 넣어 4분간 구운 뒤 아몬드 슬라이스를 뿌린다.

누가 뭐래도 1등 밑반찬
캐슈너트멸치볶음

달콤하고 씹을수록 바삭바삭해요. 기억력을 강화시키는 캐슈너트와 칼슘 덩어리인 멸치가 가득해 특히 아이 반찬으로 좋지요.

Ingredient 4인분

잔멸치 4줌(200g)
캐슈너트 1컵(100g), 시럽 3큰술
메이플시럽 2큰술, 식용유 5큰술

* **시럽 만들기**
냄비에 물과 설탕을 1:1로 넣은 뒤 젓지 않고 끓인다. 끓으면 바로 불을 끈다.

Recipe

> 시럽을 만들 때 젓지 않아야 멸치가 굳지 않아요.

1 식용유를 두른 팬에 잔멸치를 넣고 약한 불에서 천천히 볶는다.

2 잔멸치가 바삭해지면 캐슈너트를 넣고 2분간 볶는다.

3 시럽과 메이플시럽을 넣고 10초간 재빨리 버무린다.

감칠맛의 끝판왕
진미채무침

딱딱해지지 않도록 최대한 부드럽게 무치는 게 포인트예요. 매콤달콤한 양념으로 버무려 뜨끈한 밥에 곁들이면 꿀맛이랍니다.

Ingredient 4인분

진미채 4줌(200g)

양념장
고춧가루 4큰술, 고추장 4큰술,
마요네즈 3큰술, 간장 2큰술,
물 7큰술, 물엿 10큰술,
다진 마늘 1/2큰술, 참기름 1큰술

Recipe

> 진미채는 질기지 않고 냄새가 나지 않는 것으로 골라요.

1 진미채는 가위를 이용해 5cm 길이로 자른다.

2 분량의 재료로 양념장을 만든 뒤 팬에 넣고 저어가며 끓인다.

3 양념장이 끓어오르면 불을 끄고 진미채를 넣은 뒤 고루 버무린다.

BEST 5

고기의 육즙이 진하게 우러나온 넉넉한 국물에 버섯과 당면을 넣어 먹는 옛날식 불고기입니다.
달달한 맛이 일품이죠. 야들야들 부드러운 고기를 먹은 후에 밥도 비벼 먹는 별미 중의 별미랍니다.

뜨겁게 국물과 함께 먹는
서울식 불고기

Ingredient 4인분

소고기 600g(불고기용), 팽이버섯 1봉(150g), 양파 1/2개, 대파 1/2대
양념장 사과 1/4개, 배 1/4개, 양파 1/4개, 간장 1/2컵, 미림 3큰술, 물 2컵, 물엿 6큰술, 다진 마늘 1큰술, 설탕 4큰술, 참기름 2큰술, 후춧가루 약간

Recipe

1 소고기는 키친타월에 올려 핏물을 뺀 뒤 5cm 크기로 널찍하게 썬다.

2 팽이버섯은 밑동을 자르고 손으로 잘게 찢는다.

3 양파는 1cm 두께로 채 썰고, 대파는 어슷 썬다.

4 사과, 배, 양파는 각각 믹서에 갈아 3큰술씩 볼에 넣고 나머지 분량의 재료와 섞어 양념장을 만든다.

5 양념장에 소고기, 팽이버섯, 양파, 대파를 넣어 고루 버무린 뒤 30분간 재운다.

6 달군 팬에 재운 소고기와 채소를 넣고 국물까지 모두 부은 뒤 덩어리지지 않게 젓가락으로 풀어가며 익힌다.

> 고기가 익자마자 불린 당면(1줌)을 넣고 10초간 익힌 뒤 먹으면 더욱 맛있어요.

BEST 6

남녀노소 모두가 좋아하는 알새우와 채소를 듬뿍 넣어 만든 전이에요. 없어서 못 팔 정도로 인기랍니다. 튀김가루를 사용해 더욱 고소하고 바삭바삭해요.

탱글탱글하게 씹히는
알새우채소전

Ingredient 4인분

알새우 2줌(100g)
애호박 1/2개
양파 2/3개
당근 1/3개
식용유 약간

반죽
달걀 1개
튀김가루 10큰술
부침가루 6큰술
물 1/2컵
다진 마늘 1/2큰술
후춧가루 약간

Recipe

1 알새우는 찬물에 가볍게 헹궈 물기를 제거한 뒤 식감이 좋도록 굵게 다진다.

2 애호박, 양파, 당근은 곱게 채 썬다.

3 달걀을 깨 볼에 담고 나머지 반죽 재료를 넣어 고루 섞은 뒤 다진 알새우와 애호박, 양파, 당근을 넣어 반죽을 만든다.

식용유를 넉넉히 둘러야 바삭하게 부쳐져요.

4 달군 팬에 식용유를 두르고 반죽을 올려 얇게 편 뒤 앞뒤로 노릇하게 부친다.

BEST 7

해산물의 대표주자인 오징어와 알새우에 닭고기까지 더한 냉채 요리예요. 고소한 잣소스에 버무려 먹으면 입안 가득 퍼지는 풍성한 맛이 두고두고 생각날 정도예요. 상큼한 요리가 먹고 싶은 여름에 강력 추천해요.

옥수동 셰프찬

궁중 요리의 변신
잣소스닭고기해물냉채

Ingredient 4인분

닭가슴살 200g, 애기갑오징어 10마리, 알새우 2줌(100g), 배 1/2개, 밤 4개, 죽순채 1줌(50g), 대추채 1큰술(20g)
잣소스 잣가루 1큰술, 마요네즈 5큰술, 연겨자 1큰술, 매실액 2큰술, 식초 2큰술, 레몬주스 1½큰술,
다진 마늘 1½큰술, 설탕 2큰술, 소금 약간

Recipe

1 분량의 재료로 잣소스를 만들어 냉장고에 넣어둔다.

2 닭가슴살은 끓는 물에 넣어 삶은 뒤 식으면 결대로 잘게 찢는다.

3 배는 껍질을 벗겨 0.5cm 두께로 채 썰고, 밤은 껍질을 벗긴 뒤 얇게 저민다.

4 애기갑오징어, 알새우, 죽순채는 끓는 물에 20초간 데친 뒤 찬물에 헹궈 식힌다.

5 볼에 손질한 재료를 모두 넣고 잣소스로 고루 버무린다.

BEST 8

향이 좋은 버섯은 센 불에서 살짝 볶아야 더욱 맛있죠. 쫄깃쫄깃하게 구워진 버섯에 새콤한 발사믹드레싱을 곁들이면 샐러드의 매력에 푹 빠질 거예요. 소고기까지 더해져 한 끼 식사로도 제격이랍니다.

옥수동 셰프찬

이탈리안 레스토랑 샐러드가 부럽지 않은
소고기버섯샐러드

Ingredient 4인분

소고기 200g(불고기용), 새송이버섯 1개, 느타리버섯 2줌(100g), 치커리 1줌(50g),
블랙 올리브 슬라이스 약간, 잣가루 1큰술, 올리브유 4큰술
발사믹드레싱 방울토마토 5개, 꿀 3큰술, 발사믹 식초 4큰술, 간장 2큰술, 레몬주스 1큰술, 포도씨유 4큰술, 참기름 1큰술

Recipe

1 소고기는 키친타월에 올려 핏물을 뺀 뒤 한입 크기로 썬다. 끓는 물에 넣어 완전히 익도록 데친 뒤 체에 받쳐 물기를 뺀다.

2 새송이버섯은 반으로 잘라 0.5cm 두께로 길게 썰고, 느타리버섯은 가닥가닥 뜯는다. 치커리는 5cm 길이로 자른다.

3 달군 팬에 올리브유를 두르고 센 불에서 새송이버섯과 느타리버섯을 함께 볶은 뒤 식힌다.

4 방울토마토는 잘게 다져 볼에 넣고 나머지 분량의 재료와 섞어 발사믹 드레싱을 만든다.

5 볼에 소고기, 새송이버섯, 느타리버섯, 치커리, 블랙 올리브 슬라이스, 잣가루, 발사믹 드레싱을 모두 넣고 고루 섞는다.

BEST 9

쌈 싸먹고 남은 처치 곤란한 깻잎으로 깻잎찜을 만들어보세요.
상큼한 깻잎 김치와는 달리 깊은 맛이 있답니다. 한 장 한 장 떼어 밥을 싸먹는 재미도 있지요.

옥수동 / 셰프찬

향이 일품인 매일 반찬
깻잎찜

Ingredient 4인분

깻잎 100장(10묶음)
당근 1/4개
양파 1개
대파 1대

양념장
고춧가루 1큰술
간장 1컵
물 1컵
물엿 2/3컵
다진 마늘 1큰술
들기름 2큰술

Recipe

1 깻잎은 찬물에 5분간 담갔다가 깨끗이 씻어 물기를 뺀다.

2 당근, 양파, 대파는 잘게 다진다.

3 분량의 재료를 골고루 섞어 양념장을 만든다.

4 냄비에 깻잎, 당근, 양파, 대파, 양념장을 모두 넣고 깻잎의 숨이 죽을 때까지 끓인다.

BEST 10

입맛 없는 날, 차려 먹기도 귀찮은 날에는 우렁강된장에 도전해보세요.
따뜻한 밥에 넣어 쓱쓱 비비면 밥 한 공기는 뚝딱이에요. 고기도, 다른 반찬도 필요 없답니다.

우렁강된장

짜지 않아 더욱 맛있는 밥도둑

Ingredient 4인분

- 우렁이 3컵(300g)
- 애호박 1개
- 팽이버섯 1봉(150g)
- 양파 1개
- 대파 1대
- 고춧가루 1/2큰술
- 된장 6큰술
- 물 1/2컵
- 설탕 1/2큰술
- 참기름·식용유 약간씩

Recipe

1 우렁이는 끓는 물에 넣어 살짝 데친다.

2 애호박, 팽이버섯, 양파, 대파는 잘게 다진다.

3 달군 팬에 식용유를 두르고 다진 애호박, 팽이버섯, 양파, 대파를 넣고 푹 익도록 볶는다.

4 우렁이를 넣고 1분간 볶다가 물을 부은 뒤 고춧가루, 된장, 설탕을 넣고 1분간 더 볶는다. 마지막으로 참기름을 넣고 잘 섞는다.

> 우렁이 대신 소고기나 해물을 다져 넣어도 맛있어요.

● 갈치포가 생소하다고요?
멸치보다 고소하고 꼬득꼬득하답니다. 물에 만 밥에 얹어 먹으면 그만이에요.

옥수동셰프찬

바다 향이 가득해요
갈치포무침

Ingredient 4인분

갈치포 2줌(100g)
양념장 홍피망 1/4개, 양파 1/4개, 고춧가루 2큰술, 간장 10큰술, 물 3큰술, 다진 파 7큰술, 설탕 2큰술, 참기름 1큰술, 통깨 약간

Recipe

1 갈치포는 가위를 이용해 먹기 좋게 한입 크기로 자른다.

2 마른 팬에 갈치포를 넣고 약한 불에서 비린내가 날아갈 때까지 볶는다.

3 볶은 갈치포를 체에 밭쳐 탄가루를 걸러낸다.

4 홍피망과 양파는 각각 굵게 다져 3큰술씩 볼에 넣고 나머지 분량의 재료와 섞어 양념장을 만든다.

5 볼에 갈치포와 양념장을 넣고 고루 버무린다.

205

양념이 자극적이지 않아 가지 본연의 맛을 느낄 수 있어요.
참기름을 넣고 조물조물 무치면 부드럽고 촉촉해 입에서 살살 녹아요.

수분이 가득해 더욱 부드러운
가지나물

Ingredient 4인분

가지 2개
다진 대파 2큰술
다진 마늘 1/2큰술
참기름 1큰술
소금·통깨 약간씩

Recipe

1 가지는 깨끗이 씻어 5cm 길이로 4등분한 뒤 반을 가른다.

2 김 오른 찜기에 가지를 넣고 뚜껑을 닫은 상태에서 5분간 찐다.

3 찐 가지를 쟁반에 펼쳐 식힌 뒤 1cm 두께로 길게 찢는다.

4 볼에 가지와 다진 대파, 다진 마늘, 참기름, 소금, 통깨를 넣고 고루 버무린다.

파릇파릇한 색감으로 생기 200% 충전
솔부추무침

한껏 입맛을 돋우는 쌉싸름한 반찬이에요. 솔부추는 여느 부추보다 더 아삭하고, 특유의 향이 진해 비릿한 생선이나 느끼한 고기와 같이 먹으면 입안을 개운하게 해준답니다.

Ingredient 4인분

솔부추 2줌(100g)

양념장
홍피망 1/2개, 양파 1/2개,
고춧가루 2큰술, 간장 10큰술,
식초 1큰술, 물 3큰술, 다진 파 7큰술,
설탕 2큰술, 참기름 1큰술, 통깨 약간

Recipe

1 솔부추는 깨끗이 씻어 5cm 길이로 자른다.

2 홍피망과 양파는 각각 굵게 다져 3큰술씩 볼에 넣고 나머지 재료와 섞어 양념장을 만든다.

3 볼에 솔부추와 양념장을 넣고 가볍게 버무린다.

옥수동세프찬

고소해도 너무 고소한
고구마줄기들깨나물

고구마줄기에는 들깻가루가 단짝이죠. 고소함의 대명사인 들깻가루와 들기름을 더해 영양 만점인 나물로 거듭났어요. 입안 가득 퍼지는 고소한 맛과 향에 한껏 취해 보세요.

Ingredient 4인분

삶은 고구마줄기 2줌(200g),
들깻가루 3큰술, 간장 2큰술,
물 1컵, 다진 마늘 1큰술,
들기름 1큰술

Recipe

> 고구마 줄기는 약한 불에서 오래 끓여야 부드러워져요.

1 삶은 고구마줄기는 5cm 길이로 자른다.

2 달군 팬에 삶은 고구마줄기, 간장, 물, 다진 마늘, 들기름을 넣고 약한 불에서 끓인다.

3 물이 반으로 졸아들면 들깻가루를 넣고 섞는다.

10분 만에 휘리릭 만들어 냉장고에 넣어두면 항상 든든한 반찬이에요.
특히 아이 반찬으로 좋답니다. 만들어 바로 먹으면 보들보들하고, 식으면 쫄깃쫄깃해 언제 먹어도 변함없이 맛있지요.

실패 없이 10분이면 완성
어묵볶음

Ingredient 4인분

어묵 4장(150g)
양파 1/2개
대파 1/3대
고춧가루 1큰술
식용유 약간

양념장
간장 4큰술
물 10큰술
물엿 2큰술
흑설탕 1큰술

Recipe

1 어묵은 끓는 물에 살짝 데친 뒤 먹기 좋게 한입 크기로 자른다.

2 양파는 채 썰고, 대파는 어슷 썬다.

3 식용유를 두른 팬에 분량의 재료로 만든 양념장과 어묵, 양파, 대파를 넣고 약한 불에서 어묵이 부드러워질 때까지 볶는다.

> 물기가 자작하게 있을 때 고춧가루를 넣어야 요리가 완성된 뒤에도 촉촉해요.

4 양념장이 반 정도 졸아들면 고춧가루를 넣어 고루 버무린다.

반찬 하나만으로도 잘 먹은 느낌을 받게 하는 고급 중화요리 같은 메뉴예요.
가지의 부드러운 맛과 소고기의 풍미가 아주 잘 어우러진답니다.

옥수동 셰프찬

중화풍의 불맛과 감칠맛이 특색인
소고기가지볶음

Ingredient 4인분

소고기 다짐육 100g, 가지 2개, 양파 1/2개, 대파 1/2대, 굴소스 1큰술, 설탕 1/3큰술, 식용유 약간

Recipe

1 가지는 깨끗이 씻어 길게 반 가른 뒤 0.5cm 두께로 어슷 썬다.

2 양파는 채 썰고, 대파는 어슷 썬다.

3 달군 팬에 식용유를 두르고 소고기 다짐육을 넣어 센 불에서 볶는다.

가지는 센 불에서 익혀야 향이 좋아요.

4 소고기가 완전히 익으면 가지, 양파, 대파를 넣고 센 불에서 가지가 노릇해지도록 볶는다.

5 굴소스와 설탕을 넣고 양념이 고루 섞이도록 살짝 볶는다.

아삭아삭한 식감의 죽순과 마법의 소스인 굴소스가 만나 명품 반찬으로 탄생했어요.
자극적이지 않은 기분 좋은 감칠맛이 입에 착 달라붙어요. 죽순의 살아있는 풋풋한 향도 즐겨보세요.

집에서 만드는 일품요리
소고기죽순볶음

Ingredient 4인분

소고기 200g, 죽순 200g, 청·홍피망 1/2개씩, 양파 1개, 굴소스 1큰술, 설탕 1/2큰술, 식용유·후춧가루 약간씩

> 소고기는 채 썰어진 것을 구입하면 편리해요.

1 소고기는 키친타월에 올려 핏물을 뺀 뒤 5cm 길이로 채 썬다.

2 죽순은 빗살 무늬를 살려 얇게 어슷 썬 뒤 끓는 물에 살짝 데친다. 청·홍피망과 양파는 채 썬다.

3 달군 팬에 식용유를 두르고 소고기를 넣어 센 불에서 익힌 뒤 덜어둔다.

4 팬을 깨끗이 닦은 뒤 다시 식용유를 두르고 죽순과 양파를 넣어 센 불에서 볶는다.

5 양파가 익으면 소고기와 청·홍피망을 넣고 센 불에서 10초간 볶은 뒤 굴소스, 설탕, 후춧가루를 넣고 10초간 볶는다.

갖은 채소를 섞고 들기름으로 향을 더했더니 훨씬 부드럽고 먹음직스러워요.
만들기는 귀찮지만, 노릇노릇하게 부쳐놓으면 편식하는 아이도 달려들 거예요.

모두에게 사랑받는 메뉴
동그랑땡

Ingredient 4인분

돼지고기 다짐육 200g, 당근 1/4개, 양파 1개, 쪽파 2줌(150g), 달걀 5개, 부침가루 1컵, 식용유 약간
반죽 부침가루 10큰술, 다진 마늘 1큰술, 들기름 2큰술, 소금·후춧가루 약간씩

Recipe

1 당근, 양파, 쪽파는 잘게 다진다.

달걀노른자만 사용하면 진한 노란 색감을 내어 보기에도 좋고, 고소한 맛도 살릴 수 있어요.

2 달걀은 노른자만 풀어 달걀물을 만든다.

3 볼에 돼지고기 다짐육과 당근, 양파, 쪽파, 분량의 반죽 재료를 모두 넣고 차지게 반죽한다.

4 반죽을 동그랗게 빚는다.

5 빚은 반죽은 부침가루, 달걀물 순으로 옷을 입힌 뒤 식용유를 두른 팬에 올려 약한 불에서 앞뒤로 노릇하게 부친다.

살이 꽉 찬 서해의 진미, 꽃게를 바삭바삭하게 튀겨내 고소하고 맛있어요.
살 발라 먹을 필요 없이 껍질까지 통째로 먹어야 제맛이에요. 간장 양념 대신 칠리소스를 곁들여도 좋아요.

껍질까지 바사삭
꽃게범벅

Ingredient 4인분

손질된 절단 꽃게 1팩(450g), 전분가루 1컵, 식용유 5컵
밑간 소금·후춧가루 약간씩
양념장 청·홍피망 1/3개씩, 간장 1큰술, 물 10큰술, 물엿 3큰술, 통깨 1큰술

Recipe

전분가루를 조금씩 넣었을 때 가라앉지 않고 넣자마자 퍼지듯 튀겨지면 적당한 온도예요.

1 꽃게는 집게다리를 떼어내고 깨끗이 씻은 뒤 체에 받쳐 물기를 뺀다.

2 소금과 후춧가루로 밑간한 뒤 전분가루를 골고루 묻힌다.

3 170도로 예열한 식용유에 꽃게를 넣어 살짝 갈색빛이 돌도록 바삭하게 튀긴 뒤 키친타월에 받쳐 기름기를 뺀다.

4 청·홍피망은 잘게 다져 1큰술씩 팬에 넣고 나머지 양념장 재료를 모두 넣어 끓인다.

5 양념이 끓어오르면 튀긴 꽃게를 넣고 윤기가 돌도록 고루 볶는다.

반찬이 없어 고민하고 있다면 밥에 비벼 먹기 딱 좋은 마파두부를 만들어보세요.
소스의 황금비율만 잘 맞추면 실패하지 않는답니다. 매콤하게 즐기고 싶다면 청양고추를 잘게 다져 넣어보세요.

중화풍 밥도둑
마파두부

Ingredient 4인분

돼지고기 다짐육 100g, 두부 1모(300g), 팽이버섯 1/2봉, 양파 1/2개, 대파 1/2대, 두반장 2큰술, 굴소스 1큰술, 전분물 5큰술, 물 2 ½컵, 식용유 3큰술, 설탕·후춧가루 약간씩

* **전분물 만들기** 물과 감자전분을 1:1로 섞어서 만든다.

Recipe

1 두부는 사방 1cm 크기로 자르고 팽이버섯, 양파, 대파는 잘게 다진다.

2 팬에 식용유를 두르고 돼지고기 다짐육을 넣어 센 불에서 볶는다.

3 돼지고기가 익으면 다진 팽이버섯과 양파, 대파를 넣고 30초간 볶는다.

4 두반장, 굴소스, 설탕, 후춧가루를 팬에 넣고 간이 배도록 10초간 볶은 뒤 물을 넣는다.

> 소스를 주걱으로 들었을 때 천천히 흘러내리는 정도가 알맞은 농도예요.

5 물이 끓어오르면 두부를 넣고 1~2분간 끓인 뒤 약한 불로 줄인다. 주걱으로 저으면서 전분물을 넣어 농도를 맞춘다.

모두가 좋아하는 국민 생선 고등어는 김치와의 궁합이 환상이에요.
두툼하게 썬 무를 넣어 자작하게 조리면 매콤함 속에 담백하고 시원한 맛이 살아있어요.

엄마표 생선 요리 중 최고
고등어김치조림

Ingredient 4인분

고등어 2마리, 무 1/4개(400g), 김치 1/4포기(400g), 양파 1개, 대파 1대
양념장 고춧가루 1컵, 간장 2/3컵, 물 4컵, 물엿 1컵

Recipe

1 고등어는 3등분한 뒤 내장을 제거하고 깨끗이 씻는다.

2 무는 둥근 모양을 살려 1cm 두께로 썰고, 양파는 반 가른 뒤 2cm 두께로 자른다. 대파는 어슷 썬다.

3 김치는 10cm 길이로 자른다.

물이 많이 졸아들면 보충해요.

4 냄비 바닥에 무를 깔고 그 위에 김치를 올린 뒤 분량의 재료로 만든 양념장을 넣고 약한 불에서 팔팔 끓인다.

5 무가 반 정도 익으면 고등어와 양파, 대파를 넣고 양념이 배도록 10분간 조린다.

오늘은 외식 대신
LA갈비구이

집들이 음식으로도, 캠핑 요리로도 훌륭한 메뉴죠. 육질을 촉촉하고 야들야들하게 구우면 남녀노소 누구나 좋아해요.

Ingredient 4인분

LA갈비 600g, 식용유 약간

양념장
다진 사과·배·양파 3큰술씩, 간장 1/2컵, 미림 3큰술, 물 2컵, 물엿 6큰술, 다진 파 1/2컵, 다진 마늘 1큰술, 설탕 4큰술, 참기름 2큰술, 통깨·후춧가루 약간씩

Recipe

1 LA갈비는 찬물에 3시간 이상 담가 핏물을 제거한 뒤 물기를 없앤다.

2 분량의 재료로 양념장을 만든 뒤 LA갈비를 넣어 3시간 정도 재운다.

LA갈비에서 국물이 나왔다가 졸아들면 센 불로 올려요.

3 팬에 식용유를 두르고 LA갈비를 올려 약한 불에서 굽다가 센 불로 올려 노릇하게 굽는다.

깔끔한 소불고기
바싹불고기

국물 없이 바삭하게 볶아 고소하고 깊은 고기의 맛을 느낄 수 있답니다. 먹는 순간, 체력도 입맛도 돌아올 거예요.

Ingredient 4인분

소고기 500g(불고기용),
식용유 약간

양념장
간장 4큰술, 청주 2큰술,
다진 마늘 1큰술, 설탕 3큰술,
참기름 2큰술, 후춧가루 약간

Recipe

1 소고기는 키친타월에 올려 핏물을 뺀 뒤 한입 크기로 썬다.

2 볼에 소고기와 분량의 재료로 만든 양념장을 넣어 고루 버무린다.

3 달군 팬에 식용유를 두르고 소고기를 넣어 센 불에서 국물이 없어질 때까지 바싹 볶는다.

만드는 방법은 간단하지만, 완성해놓으면 밥상을 푸짐하게 만드는 마술 같은 요리예요.
특제 양념으로 맛을 내어 반찬으로도 좋고, 두부를 곁들이면 술안주로도 최고지요.

술안주로도 반찬으로도 일품인
돼지김치두루치기

Ingredient 4인분

돼지고기 300g
김치 1/4포기(400g)
들기름 3큰술
후춧가루 약간

양념장
고춧가루 4큰술
간장 3큰술
소주 1큰술
매실액 1/2큰술
물엿 5큰술

Recipe

1 돼지고기와 김치는 먹기 좋게 한입 크기로 썬다.

> 돼지고기에서 비린내가 나면 청주(3큰술)와 다진 마늘(1/2큰술), 후춧가루(약간)를 넣고 10분간 재워요.

2 달군 팬에 들기름을 두르고 돼지고기를 넣어 볶는다.

3 돼지고기가 익으면 김치를 넣고 푹 무르도록 볶는다.

4 분량의 재료로 만든 양념장과 후춧가루를 넣고 30초간 고루 섞으며 빠르게 볶는다.

굴소스로 볶은 돼지고기와 겨자소스의 새콤달콤한 맛있는 어울림을 즐겨보세요.
돼지고기는 물론 오징어와 알새우, 갖은 채소까지 한번에 담아 마치 선물세트 같은 요리예요.

입맛 돋우는 전채요리
모듬겨자채

Ingredient 4인분

돼지고기 200g(등심), 오징어 1/2마리, 알새우 1½줌(80g), 오이 1개, 당근 1/5개, 양파 1/2개, 부추 1줌(50g), 굴소스 1/2큰술, 식용유 2큰술
겨자소스 연겨자 1/2큰술, 식초 1큰술, 레몬즙 1/2큰술, 사이다 10큰술, 물 5큰술, 설탕 1/2큰술, 소금 약간

Recipe

1 돼지고기, 오이, 당근, 양파는 얇게 채 썬다. 부추는 깨끗이 씻어 5cm 길이로 썬다.

2 오징어와 알새우는 끓는 물에 살짝 데친 뒤 물기를 빼고, 차게 식었다가 오징어만 얇게 채 썬다.

3 식용유를 두른 팬에 돼지고기를 넣어 완전히 익을 때까지 볶다가 굴소스와 부추를 넣고 10초간 볶은 뒤 식힌다.

매운맛을 좋아하면 연겨자의 양을 추가해요.

4 분량의 재료를 골고루 섞어 겨자소스를 만든다.

5 볼에 볶은 돼지고기와 부추, 오징어, 알새우, 오이, 당근, 양파를 넣고 겨자소스를 부어 가볍게 섞는다.

멈출 수 없는 아삭함
코울슬로

사이드 메뉴의 최강자. 아삭아삭한 식감에 한번 빠져들면 멈출 수 없을 거예요.

Ingredient 4인분

양배추 1/4개(200g), 당근 1/4개, 통조림 옥수수 1컵(100g)

타르타르소스
다진 청·홍피망 2큰술씩, 다진 양파 4큰술, 다진 피클 3큰술, 마요네즈 10큰술, 식초 1큰술, 설탕 2큰술, 소금 약간

Recipe

1 양배추와 당근은 잘게 다진다. 통조림 옥수수는 체에 밭쳐 물기를 뺀다.

2 분량의 재료를 골고루 섞어 타르타르소스를 만든다.

3 볼에 양배추, 당근, 통조림 옥수수, 타르타르소스를 넣고 고루 버무린다.

그야말로 새콤달콤
총각무피클

깔끔하고 건강한 피클을 원한다면 강력 추천! 무르지 않고 아작아작 씹혀 인기 만점이에요.

Ingredient 4인분

총각무 6개(600g)

피클물
월계수잎 5장,
식초 1컵, 물 4컵,
설탕 2컵, 소금 2큰술,
통후추 30알

Recipe

1 총각무는 깨끗이 씻어 줄기를 10cm 남기고 자른 뒤 세로로 4등분한다.

2 분량의 재료로 피클물을 만들어 팔팔 끓인다.

실온에 하루 정도 두었다가 냉장고에 넣어 시원하게 먹어요.

3 밀폐용기에 총각무를 담고 한 김 식힌 뜨거운 피클물을 부은 뒤 뚜껑을 닫고 식힌다.

뚝딱 만들어 화이트 그릇에 담기만 해도 테이블이 근사해지는 샐러드예요.
탱글탱글한 새우와 고소하고 향긋한 소스로 맛을 내 와인 안주로도 제격이지요.

멋스러운 한 끼 식사
갈릭머스터드 새우샐러드

Ingredient 4인분

칵테일새우(큰 사이즈) 8마리, 로메인 1줌(50g), 라디치오 1줌(50g), 방울토마토 4개, 달걀 2개, 블랙 올리브 슬라이스 약간, 파르메산치즈가루 1큰술, 파슬리가루 · 후춧가루 약간씩, 올리브유 2큰술
갈릭머스터드소스 달걀노른자 2개, 파르메산치즈가루 3큰술, 홀그레인 머스터드 4큰술, 식초 1큰술, 포도씨유 4큰술 올리브유 2큰술, 식용유 2큰술, 다진 마늘 1/4컵, 설탕 2큰술, 소금 약간

Recipe

1 로메인과 라디치오는 흐르는 물에 씻어 한입 크기로 썰고, 방울토마토는 반으로 자른다.

2 달걀은 끓는 물에 넣어 15분간 삶아서 식힌 뒤 4등분한다.

3 팬에 올리브유를 두르고 칵테일새우와 파슬리가루, 후춧가루를 넣어 노릇하게 구운 뒤 식힌다.

4 달군 팬에 식용유를 두르고 다진 마늘을 볶아서 식힌 뒤 나머지 분량의 재료를 넣어 갈릭머스터드소스를 만든다.

5 볼에 구운 칵테일새우와 로메인, 라디치오, 방울토마토, 블랙 올리브 슬라이스, 파르메산치즈가루, 갈릭머스터드소스를 넣고 버무린 뒤 달걀을 올린다.

'물에서 자라는 삼'이라고 불릴 정도로 영양이 풍부한 연근으로 만든 영양 만점 샐러드예요.
얇게 썬 연근 모양이 예뻐 손님 대접하기에도 좋지요.

옥수동 셰프찬

모양도 맛도 매력 만점인
타르타르 연근샐러드

Ingredient 4인분

연근 1개(300g), 청·홍피망 1/2개씩
타르타르소스 청·홍피망 1/4개씩, 양파 1/4개, 피클 5개, 마요네즈 10큰술, 식초 1큰술, 설탕 2큰술, 소금 약간

Recipe

1 연근은 필러로 껍질을 벗기고 0.3cm 두께로 썬 뒤 물에 담가 전분기를 없앤다.

> 묵은 연근은 데치면 미끈거리지만 햇연근은 미끈거리지 않아요. 맛에는 차이가 없지만 식감이 조금 달라요.

2 끓는 물에 연근을 넣고 10초간 데친 뒤 찬물에 담가 식혔다가 체에 밭쳐 물기를 뺀다.

3 청·홍피망은 사방 1cm 크기로 자른다.

4 청·홍피망, 양파, 피클은 잘게 다져 볼에 청·홍피망은 2큰술씩, 양파는 4큰술, 피클은 3큰술을 넣고 나머지 재료를 모두 넣어 타르타르소스를 만든다.

5 볼에 연근, 청·홍피망, 타르타르소스를 넣고 고루 버무린다.

노란 속살의 호박고구마로 달달한 샐러드를 만들어보세요. 샐러드뿐 아니라 버거나 모닝빵에 넣어 먹으면 한 끼 식사로도 충분하답니다. 따뜻하게 먹어도, 차갑게 먹어도 정말 맛있어요.

부드럽고 달콤한
호박고구마샐러드

Ingredient 4인분

호박고구마 3개(700g)
아몬드 슬라이스 약간
마요네즈 2큰술
버터 1큰술
메이플시럽 2큰술
우유 2/3컵

Recipe

1 호박고구마는 껍질을 벗겨 1cm 두께로 자른 뒤 찬물에 5분간 담가 전분기를 없앤다.

2 물에서 건져낸 호박고구마는 물기를 뺀 뒤 185도로 예열한 오븐에 넣어 25분간 익힌다.

3 볼에 익힌 호박고구마를 넣고 뜨거울 때 으깬 뒤 버터를 넣어 섞는다.

호박고구마로 샐러드를 만들면 농도가 묽지만, 밤고구마나 꿀고구마는 농도가 퍽퍽해요. 그럴 땐 우유를 조금 더 넣어요.

4 마요네즈, 메이플시럽, 우유를 넣고 고루 섞은 뒤 아몬드 슬라이스를 뿌린다.

ㄱ

가지나물 206
감자샐러드 124
갈릭머스터드 새우샐러드 232
갈치조림 114
갈치포무침 204
건취나물 96
검은콩자반 59
건과류볶음 154
고구마맛탕 155
고구마줄기들깨나물 209
고구마카레 138
고등어김치조림 222
고사리나물볶음 109
궁중떡볶이 126
김치갈비찜 143
깻순볶음 108
깻잎찜 200
꽈리고추찜 172
꽈리멸치볶음 80
꽈리오징어조림 120
꽃게범벅 218

ㄷ

단호박샐러드 146
단호박조림 165
달콤진미 37
닭가슴살장조림 60
닭가슴살카레 32
데리야키닭다리구이 188
데리야키치킨강정 68
도라지볶음 104
도라지초무침 90
도토리묵무침 102
동그랑땡 216
돼지고기곤약조림 168
돼지고기앞다리살고추장구이 175
돼지김치두루치기 226
떡소불고기 38

ㄹ

루콜라페스토미트볼 186

ㅁ

마늘대하장조림 166
마늘종무침 49
마늘종새우볶음 106
마파두부 220
맛살달걀말이 82
매실장아찌 178
매콤닭볶음탕 160
매콤돼지갈비 140
매콤멸치볶음 51
매콤뱅어볶음 153
매콤제육볶음 144
매콤주꾸미채소볶음 136
메추리알조림 122
명란달걀말이 66
모듬겨자채 228
무말랭이무침 44
무생채 47

ㅂ

바싹불고기 225
베이컨달걀말이 30
보리새우볶음 152
북어찜 170
빨간두부조림 150

INDEX

ㅅ
새송이산적구이 174
생생양념깻잎 36
생연어조림 116
생와사비해초무침 101
서울식 불고기 192
소고기가지볶음 212
소고기꽈리고추장조림 134
소고기무볶음 58
소고기버섯샐러드 198
소고기죽순볶음 214
솔부추무침 208
수제떡갈비 34
수제미트볼 70
수제짜장 162
스팸감자채볶음 54
스팸김치볶음 52
스프링롤 94

ㅇ
아삭이고추된장무침 84
알새우채소전 194
애호박볶음 110
애호박전 64
야채쏙쏙꼬마치킨 28
양념꼬막 118
양파김치 180
어묵볶음 210
연근조림 112
영양부추무침 85
오리엔탈불고기샐러드 42
오삼불고기 74
우엉채볶음 92
오이부추무침 50
오이지무침 46
오징어볶음 156
오징어실미채 88
오징어장조림 167
오징어채소전 40
오징어초무침 86
우렁강된장 202

ㅈ
잣소스닭고기해물냉채 196
쥐포채조림 111
진미채무침 191

ㅊ
참나물무침 100
참외장아찌 176
총각무피클 231
총알버섯장조림 142

ㅋ
캐슈너트멸치볶음 190
코다리간장조림 148
코다리조림 26
코울슬로 230
콥샐러드 123
콩나물무침 98

ㅌ
타르타르 연근샐러드 234

ㅍ
파래김무침 164
표고버섯볶음 56
표고오이갑장과 128

ㅎ
하얀콩나물무침 48
한돈너비아니 72
호박고구마샐러드 236
홍합볶음 158
훈제오리감자조림 62

L
LA갈비구이 224

협찬 | **플레이트앤키친**

서울 강동구에 자리한 편안하고 세련된 감각의 키친 편집숍. 그릇, 패브릭 소품, 인테리어 소품, 키즈를 위한 아이템까지 감각적인 제품들을 만나볼 수 있다. 군더더기 없이 깔끔한 북유럽 스타일의 인테리어로 집안 곳곳을 채우고 싶은 사람에게 추천하는 곳이다.
www.platekitchen.com 02-6396-3181

소문난 반찬가게
인기 레시피

펴낸날 초판 1쇄 2016년 11월 1일 ㅣ 초판 21쇄 2025년 2월 28일

지은이 채움반찬, 소중한식사, 리쿡54, 셰프찬

펴낸이 임호준
출판 팀장 정영주
편집 김은정 조유진 김경애 박인애
디자인 김지혜 ㅣ **마케팅** 길보민 정서진
경영지원 박석호 박정식 유태호 신혜지 최단비 김현빈

기획 장문정
인쇄 도담프린팅

펴낸곳 비타북스 ㅣ **발행처** (주)헬스조선 ㅣ **출판등록** 제2-4324호 2006년 1월 12일
주소 서울특별시 중구 세종대로 21길 30 ㅣ **전화** (02) 724-7664 ㅣ **팩스** (02) 722-9339
인스타그램 @vitabooks_official ㅣ **포스트** post.naver.com/vita_books ㅣ **블로그** blog.naver.com/vita_books

사진 김덕창, 박형인(Studio da 02-517-7718)
푸드 스타일링 김영빈(수라재)

ⓒ 채움반찬, 소중한식사, 리쿡54, 셰프찬, 2016

이 책은 저작권법에 따라 보호를 받는 저작물이므로 무단 전재와 무단 복제를 금지하며,
이 책 내용의 전부 또는 일부를 이용하려면 반드시 저작권자와 (주)헬스조선의 서면 동의를 받아야 합니다.
책값은 뒤표지에 있습니다. 잘못된 책은 바꾸어 드립니다.

ISBN 979-11-5846-126-3 13590

비타북스는 독자 여러분의 책에 대한 아이디어와 원고 투고를 기다리고 있습니다.
책 출간을 원하시는 분은 이메일 vbook@chosun.com으로 간단한 개요와 취지, 연락처 등을 보내주세요.

비타북스 는 건강한 몸과 아름다운 삶을 생각하는 (주)헬스조선의 출판 브랜드입니다.